Un hermoso retrato
de la Deidad en el
Evangelio de Juan

CRISTO, EL HIJO ETERNO

Editado y compilado por Gerald B. Smith

A. W. Tozer

CASA CREACIÓN
Para vivir la Palabra

Para vivir la Palabra

MANTÉNGANSE ALERTA;
PERMANEZCAN FIRMES EN LA FE;
SEAN VALIENTES Y FUERTES.
—1 CORINTIOS 16:13 (NVI)

Cristo, el hijo eterno por A. W. Tozer
Publicado por Casa Creación
Miami, Florida
www.casacreacion.com
©2022 Derechos reservados

ISBN: 978-1-955682-21-3
E-book ISBN: 978-1-955682-22-0

Desarrollo editorial: *Grupo Nivel Uno, Inc.*
Diseño interior: *Grupo Nivel Uno, Inc.*

Publicado originalmente en inglés bajo el título:
Christ: The Eternal Son
© 2019 por The Moody Institute of Chicago
820 N. LaSalle Blvd., Chicago, IL 60610.
Translated and printed by permission. All rights reserved.

Impreso en Colombia

22 23 24 25 26 LBS 9 8 7 6 5 4 3 2 1

CONTENIDO

PREFACIO

Si el doctor A. W. Tozer, alguna vez en su vida, sintió que se impacientaba con sus compañeros cristianos, ello se debió a que los mismos mostraban muy poca inclinación a pensar, reflexionar y meditar en lo concerniente a la eternidad.

En el sermón que constituye el primer capítulo de este libro, el doctor Tozer —en apariencia— estaba amonestando a sus oyentes cuando dijo: "Si no se dedican a meditar en este tema de manera profunda, es probable que no les parezca muy sorprendente; no obstante, si se han dedicado a una reflexión bien enfocada, detallada y habitual a este respecto, les asombrará ver la forma en que se cierra el gran abismo que hay entre Dios y lo que no tiene que ver con Dios". Un poco más adelante, habló de su propia práctica meditativa y reflexiva cuando dijo lo siguiente: "Admito que me deleito al soñar y pensar con esos tiempos, si pudiéramos calificarlos de manera apropiada".

En el tercer capítulo, al referirse a la sensibilidad que debemos tener ante la verdad divina, el doctor Tozer declaró lo que sigue: "Debemos meditar en la naturaleza eterna de Dios con el fin de poder adorarlo como debe ser".

Luego añadió, esta vez con una franca represión: "Ahora bien, si la mente de ustedes se parece a una trampa para ratones —que se abre y se cierra—, es probable que comenten —con cierta ingenuidad infundada— algo como lo siguiente: 'Todo lo que se refiere a ese atributo divino que llamamos eternidad, es bastante sencillo. Lo podrás encontrar en una nota al calce, en la página 71, de la *Teología Sistemática* de Fulano de Tal. Así que, por ahora, dejemos este punto, salgamos y tomemos un refresco'".

En estos capítulos también encontrará la confesión del autor en cuanto a su "filosofía espiritual" básica. Esta, en simples palabras, era la siguiente: "¡Todo está mal hasta que Jesús lo arregla!".

REFLEXIONES SOBRE EL MISTICISMO DEL APÓSTOL JUAN

Antes de decidir hablar sobre este tema, creo que había anticipado que sería un placer enseñar sobre el hermoso y excelso Evangelio del apóstol San Juan. Sin embargo, debo confesar que al prepararme y estudiar —de manera consciente— acerca de la verdad expuesta en este libro, se ha apoderado de mí un sentimiento de insuficiencia, una sensación de impotencia tan impresionante, tan paralizante, que no me siento capaz —en este momento— de afirmar que es un placer predicar al respecto.

Quizás esta sea la forma que Dios usa con el objeto de reducir la influencia de la naturaleza carnal al mínimo y entonces darle al Espíritu Santo la mejor oportunidad posible para llevar a cabo su obra eterna. Me temo que a veces nuestra propia elocuencia y nuestros propios conceptos puedan interponerse en el camino, dado que la capacidad ilimitada de hablar sin cesar sobre cuestiones de fe es una bendición bastante argumentable.

Uno de los grandes expositores de la Biblia del pasado reciente, A. T. Robertson, nos ha dado la siguiente evaluación breve del Evangelio según San Juan:

"La prueba del tiempo ha hecho destacar al cuarto evangelio por encima de todos los libros del mundo. Si el Evangelio de Lucas es el más hermoso, el de Juan es supremo en su altura, su profundidad y su alcance de pensamiento.

"La imagen de Cristo que se presenta aquí es la que ha capturado la mente y el corazón de la humanidad. El lenguaje de este evangelio tiene la claridad de un manantial, aun cuando no somos capaces de sondear lo profundo del mismo. Se caracteriza por su lucidez y su profundidad; es decir, es tan claro que usted puede ver a través de él, pero tan profundo que no se puede ver claramente a través de él".

Creo que esa es una maravillosa manera de expresarlo.

Ahora bien, este Juan que nos ha dado este evangelio es seguramente ese ser místico del Nuevo Testamento. Aunque empecé a decir que este Juan *era* el místico del Nuevo Testamento, debemos tener mucho cuidado en cuanto a no poner la palabra *era* donde Dios puso el vocablo *es* dado que, con los hijos de Dios, no hay tiempos pasados.

Jesús defendió la inmortalidad basándose en que Dios no es Dios de muertos, sino de vivos, puesto que los muertos constituyen el pasado.

Cuando hablamos de un hombre muerto decimos que *fue*, pero cuando hablamos de uno que está vivo, decimos que *es*. Por lo tanto, no es teológicamente correcto decir que Juan fue el místico del Nuevo Testamento. Más bien afirmamos que

Juan es el místico del Nuevo Testamento, así como Pablo es el teólogo del Nuevo Testamento.

Ahora, esto —por lo natural— une dos palabras estrechamente relacionadas: *misticismo y teología*. Menciono estas palabras aquí porque en la mente de algunas personas existe la idea de que hay una contradicción entre misticismo y teología, entre místico y teólogo.

De alguna manera, el místico se ha ganado una reputación dudosa o, mejor dicho, se la ha ganado a pulso. Es por eso que tanta gente cree que debe alejarse de cualquiera que se proclame místico.

Sin embargo, insisto, Juan es el místico del Nuevo Testamento al igual que Pablo es el teólogo, por lo que quiero que usted sepa y comprenda que en la teología de Pablo hay mucho misticismo y en el misticismo de Juan hay mucha teología.

Por tanto, al reconocer eso, no hay contradicción alguna. Al contrario, uno complementa al otro y viceversa.

Pablo, el hombre, poseía un intelecto inusual; de tal clase que Dios pudo derramar en su gran mente y su espíritu las grandes doctrinas básicas del Nuevo Testamento. Para los propósitos de Dios, Pablo pudo entonces pensar en ellos, razonarlos y establecerlos con toda lógica; de ahí, su acreditada reputación de teólogo.

No obstante, en la mente de Juan, Dios encontró algo completamente diferente: halló un arpa que quería que tocaran para sacarle acordes al viento. Descubrió que Juan tenía algo de ave puesto que quería volar todo el tiempo.

Así que, Dios permitió que Juan, partiendo de las mismas premisas que el teólogo Pablo, expusiera, se elevara y cantara.

Shakespeare, en uno de sus sonetos, dibujó esta imagen verbal:

Como la alondra al amanecer,
Levantándose de la tierra huraña
Canta himnos a la puerta del cielo.

Es probable que algunos lean este evangelio y luego digan: "Juan era"; sin embargo, Juan *es*; todavía es como la alondra que se levanta al amanecer y sacude el rocío de la noche de sus alas para elevarse a la puerta del cielo, cantando y trinando. Realmente no se eleva más alto que Pablo, pero canta un poco más dulce y, por lo tanto, capta nuestra absorta atención un poco más rápido. Es así que, en el Nuevo Testamento, Pablo es el teólogo que pone cimientos fuertes, mientras Juan sube al nido, bate sus alas y despega. Por eso es difícil predicar desde las alturas de Juan.

Pablo y Juan no se contradicen; no se invalidan entre sí. Al contrario, se complementan de tal manera que podemos describirla diciendo que Pablo es el instrumento y Juan es la música que trae el instrumento.

Juan nos da un hermoso retrato del Cristo eterno, comenzando con esas duras palabras. *En el principio*... Y ahí es donde comenzamos con el cristianismo: no con Buda y no con Mahoma; no con Joseph A. Smith y no con la señora Mary Baker Eddy; no con el Padre divino y no con Madame Lavasky. Todos estos e innumerables otros como ellos, tuvieron un comienzo y todos tuvieron un final.

Sin embargo, nuestra vida cristiana comienza con ¡Aquel que no tuvo principio y nunca puede tener fin, es decir, el Verbo que estaba con el Padre en el principio, el Verbo que era Dios y el Verbo que es Dios!

—A. W. Tozer

CAPÍTULO 1

GRANDE ES EL MISTERIO

Y aquel Verbo fue hecho carne,
y habitó entre nosotros...

—Juan 1:14 RVR1960

Ninguno de nosotros puede abordar un estudio o una consideración serios acerca de la naturaleza eterna y la persona de Jesucristo sin sentir y confesar nuestra completa insuficiencia frente a la revelación divina.

Hace mucho tiempo, el escritor John Milton tuvo la audacia y la imaginación de seleccionar "El paraíso perdido y el paraíso recuperado" como tema de su gran obra literaria, que describe con lujo de detalles el recorrido completo desde el oscuro amanecer del vacío de la nada hasta el triunfo de Cristo después de su resurrección.

Cuando Milton comenzó su trabajo, dijo que se elevaría "por encima del monte Aonia y justificaría los caminos de Dios a los hombres". Cuando leemos la literatura de Milton, nos sorprende que haya logrado tanto de lo que se propuso.

Cierta vez un crítico literario, al comparar a Milton y Shakespeare, comentó que la imaginación y la brillantez de Shakespeare eran mucho mayores que las de Milton que se limitó a escribir sobre pequeños temas y breves secciones de la historia. La opinión del crítico era que si Shakespeare hubiera intentado algo tan vasto como la obra de Milton, habría muerto por la exuberancia de pensamientos.

Esa fue la opinión de un hombre y la presento solo por la sensación de insuficiencia que sentimos aun en nuestros suaves intentos de descubrir y exponer las verdades eternas que encontramos en la revelación de Dios al hombre.

Piense a dónde nos lleva el apóstol Juan, guiándonos hacia arriba y hacia la Deidad donde ningún Milton podría ir y ciertamente ningún Shakespeare secular podría llegar jamás. Juan nos dirige a lugares celestiales tan elevados, excelsos y nobles que, si lo siguiéramos, en verdad moriríamos en el intento.

Por tanto, ¿qué debemos hacer?

Todo lo que podemos esperar hacer es caminar con nuestras cortas piernas y mirar hacia el cielo, como un ganso al que le han cortado las alas, pero cuyo corazón está allá, en el cielo infinito. Las alas que le amputaron, simplemente, no la llevarán a tan ansiado lugar celestial.

Ahora bien, he dicho todo esto porque mi mejor fe y mi más alta expectativa no me permiten creer que puedo hacer justicia a un texto que comienza con semejante frase: "Y aquel Verbo fue hecho carne, y habitó entre nosotros" (Juan 1:14) y que concluye así: "A Dios nadie lo ha visto nunca; el Hijo unigénito, que es Dios y que vive en unión íntima con el Padre, nos lo ha dado a conocer" (v. 18).

Esto es lo que intentaremos hacer: caminaremos a lo largo de la amplia orilla del mar de Dios y recogeremos una concha aquí y otra más allá, sosteniendo cada una de ellas ante la luz para admirar su belleza. Si bien es posible que, en última instancia, tengamos una pequeña reserva de conchas para llevar con nosotros, este asunto solo puede recordarnos la verdad y el hecho de que la inmensidad de la orilla del mar se extiende alrededor de los grandes labios de los océanos, y que en todo ello hay enterrado ¡mucho más de lo que podríamos esperar encontrar o ver!

Sí, se nos dice que *el Verbo se hizo carne*. Permítame señalar que en esta breve declaración —además descrita con sencillas palabras— se encuentra uno de los misterios más profundos del pensamiento humano.

Los que reflexionan en este tema se apresuran a preguntar: "¿Cómo pudo la Deidad cruzar el amplio y enorme abismo que separa lo que es Dios de lo que no es Dios?". Es probable que usted confiese conmigo que en el universo hay realmente solo dos cosas: Dios y no Dios, lo que es Dios y lo que no es Dios.

Nadie podría haber hecho a Dios, pero Dios, el Creador, ha hecho todas esas cosas en el universo que no son Dios.

Por tanto, el abismo que separa al Creador de la criatura, el abismo entre el ser que llamamos Dios y todos los demás seres, es un abismo grande, vasto y enorme.

Cómo salvó el abismo

La manera en que Dios pudo salvar este gran abismo es, en efecto, uno de los misterios más profundos y ocultos en los que puede enfocarse el pensamiento humano.

¿Cómo es posible que Dios pueda unirse —como Creador que es— con el ser humano, su criatura?

Si usted no es de las personas que se dedican a pensar de manera profunda, puede que eso no le parezca muy sorprendente, pero si se ha entregado a una consideración cuidadosa y periódica del tema, se asombrará al ver el puente que existe sobre el gran abismo de lo divino y lo no divino.

Recordemos que los mismos arcángeles, serafines y querubines —que resguardan las piedras de fuego— no son dioses.

Leemos nuestras Biblias y descubrimos que el hombre no es la única clase de seres que existe. El hombre en su orgullo pecaminoso, sin embargo, opta por creer que él es el único género de ese tipo.

Algunas personas cristianas y la humanidad, en general, se niegan tontamente a creer en lo reales que son los seres angelicales. ¡He hablado con suficientes individuos como para tener la sensación de que piensan en los ángeles como si fueran un tipo de Papá Noel con alas!

Muchos afirman que no creen en las órdenes creadas de querubines y serafines, atalayas ni santos, ni en ninguno de los extraños principados y potestades que transitan de manera tan misteriosa y brillante a través de los pasajes de la Biblia. En general, no creemos en ellos tanto como deberíamos hacerlo, en todo caso.

Es probable que no creamos en ellos, queridos hermanos, ¡pero están ahí, presentes!

La humanidad es solo un orden de seres o criaturas de Dios. Por tanto, nos preguntamos: "¿Cómo pudo el Infinito llegar a ser finito? ¿Y cómo podría el Ilimitado imponerse deliberadamente limitaciones a sí mismo? ¿Por qué debería Dios favorecer a un orden de seres sobre otro en su revelación?".

En la carta a los Hebreos aprendemos, para nuestro asombro, que Dios no tomó sobre sí la naturaleza de los ángeles, sino que tomó la simiente de Abraham, un hombre de carne y hueso.

Ahora bien, Abraham ciertamente no era igual —ni se parecía remotamente— a un ángel.

Cabe suponer que Dios, al dejar su posición, lo haría poco a poco; es decir, de manera gradual. Podríamos pensar que se detendría a considerar la posibilidad de ponerse a nivel de los ángeles o los serafines pero, en vez de eso, descendió al orden más bajo y tomó sobre sí mismo la naturaleza de Abraham, la simiente de Abraham.

El apóstol Pablo alza las manos con extremado asombro en este punto. Pablo, declarado uno de los seis grandes intelectos de todos los tiempos, levanta las manos y declara que "grande es el misterio de nuestra fe" (1 Timoteo 3:16), el misterio de Dios manifestado en la carne.

Quizás sea este el enfoque más apropiado del tema para claridad de todos nosotros: simplemente levantar nuestras manos y decir: "¡Oh, Señor, solo tú sabes eso!". Hay muchas más cosas en el cielo y en la tierra de las que se conocen en nuestra teología; sin embargo, en el sentido más profundo, todo es realmente un misterio.

Me gustaría citar la esencia de lo que dijo John Wesley con respecto al eterno y misterioso acto de Dios al descender al tabernáculo con los hombres.

Wesley declaró que debemos distinguir el acto del método por el cual la obra se realiza y advirtió que —por lo general— no rechazamos un hecho porque no sepamos cómo se hizo. ¡Y creo que eso es muy sabio!

Pienso también que es muy apropiado para nosotros entrar en la presencia de Dios con reverencia, inclinar la cabeza, cantarle alabanzas y reconocer sus actos de amor a favor de nosotros, incluso con palabras como las siguientes: "Eso es verdad, oh Dios, aunque no sepamos ni entendamos cómo lo has convertido en realidad".

No rechazaremos el hecho por el solo motivo de que desconozcamos la operación que lo trajo a la existencia. Por lo tanto ¿cuánto podemos saber de este gran misterio?

Casi podemos saber con seguridad que la encarnación —palabra que procede del vocablo latín "encarnatio" y este a su vez del término griego "sárkosis"— no fue un acto que requirió ningún compromiso por parte de la deidad. Debemos recordar siempre que cuando Dios se encarnó en Jesús no lo hizo porque tuviera alguna deuda que pagar a sus criaturas.

En los tiempos pasados, los dioses míticos de las naciones no eran ajenos a transigir, eran deidades indulgentes, caprichosas. Los dioses romanos, los dioses de los griegos y los escandinavos, eran deidades que podían ceder con facilidad y, a menudo, lo hacían como se narra en los cuentos y leyendas que conforman la tradición mitológica.

No hubo adeudo por parte de Dios

Sin embargo, el Dios santo que está en su trono, que mora con todo lo demás —que no es divino—, nuestro Padre que está en los cielos, nunca podría comprometerse a sí mismo. La encarnación, el Verbo hecho carne, se hizo realidad sin ninguna oposición de la santa Deidad.

El Dios viviente no se degradó a sí mismo con ese acto benevolente. Como tampoco afectó —en ningún sentido— su calidad de Dios.

Dios permaneció siempre como Dios y todo lo demás siguió siendo ajeno a lo divino. Aun después de que Jesucristo se hizo hombre y habitó entre nosotros, el abismo todavía existía. Es más, en vez de degradarse cuando se hizo hombre, Dios —por medio del acto de la encarnación— elevó a la humanidad a sí mismo.

Está claro en el Credo de Atanasio que los padres de la iglesia primitiva fueron cautelosos en cuanto a este punto de la doctrina. Ellos no nos permitirían creer que Dios, por la encarnación, se hizo humano a costa de una reducción o disminución de su esencia divina; sino más bien que con esa encarnación incorporó a la humanidad a su persona divina. Por lo tanto, no se degrada a Dios, al contrario, con ella se exalta al hombre, ¡y eso es lo maravilloso de la redención!

De manera que también hay otra cosa que podemos saber, con certeza, acerca de los actos de Dios, y es que él nunca se retracta de sus tratos. Por tanto, esa unión del hombre con Dios se efectúa para siempre, tiene vigencia eterna, por los siglos de los siglos.

En el sentido que hemos estado considerando, Dios nunca puede dejar de ser hombre, ya que la Segunda Persona de la Trinidad no puede desencarnarse ni reencarnarse. La encarnación permanece para siempre como un hecho, puesto que la Escritura afirma que "el Verbo se hizo carne y habitó entre nosotros" (Juan 1:14). Debemos dirigir nuestros pensamientos aquí a aquellos primeros días de la historia del hombre, porque después de que Dios creó a Adán, sabemos que el Creador se comunicó con los hombres.

He hojeado un libro titulado: "Las edades tempranas de la Tierra". No diré que realmente lo haya leído porque pude concluir con rapidez que el autor parece creer que sabe más sobre el período antediluviano que Moisés. Cuando descubro a un hombre que dice saber más que Moisés sobre un tema en el que este es un especialista, abandono la lectura de su libro.

Admito que me gusta soñar y pensar en esas épocas pasadas. Siempre me ha fascinado el pasaje del Génesis que nos dice que Dios vino y caminó por el jardín al fresco del día, llamando a Adán. Pero Adán no estaba allí.

No creo que estemos leyendo nada en el relato asumiendo que el encuentro de Dios con Adán de esa manera era una costumbre común en aquel tiempo. No se nos dice que esta era la primera vez que Dios había acudido a caminar con Adán en medio del trinar de los pájaros y bajo la luz que se disipaba.

Dios y el hombre caminaron juntos. Aquí debemos observar que aun cuando el Creador hizo al hombre a su propia imagen, no hubo degradación en su esencia al establecer comunión con el hombre. Pero ahora, en ese preciso momento Adán estaba escondido. Orgullo y desobediencia, duda y fracaso en la prueba: el pecado ha roto la comunión y la comunicación del Creador con lo creado. El Dios santo debe expulsar al hombre caído, enviándolo fuera del jardín y sellando la entrada con una espada de fuego para que no regrese.

La presencia perdida

Adán había perdido la presencia del Dios creador y en lo que se registra en la Biblia de los tiempos que siguieron, Dios nunca volvió a morar con los hombres en esa misma manera.

Para los israelitas, Dios habitaba en la *Shekinah*, escondido en el fuego y la nube. Ocasionalmente aparecía en una modalidad que los teólogos llaman *teofanía*, es decir, una manifestación de la Deidad. Dios podría hablar brevemente con un hombre como lo hizo con Abraham en la puerta de la tienda o con Gedeón en la era. Pero no se demoraba; su apariencia siempre era cautelosa y velada.

Incluso cuando Dios se le manifestó a Moisés, fue en el fuego de la zarza ardiente o mientras Moisés estaba escondido en la hendidura de la roca. Los ojos de los hombres caídos y pecadores ya no podían soportar la radiante majestad ni la gloria de la deidad.

Luego, en la plenitud del tiempo, volvió a los hombres, aunque esta vez se manifestó como dice el apóstol Juan: "Y el Verbo se hizo carne, y habitó entre nosotros".

Lo llamaron Emanuel, que significa Dios con nosotros. En esa primera venida de Jesús el Cristo, Dios vino nuevamente a morar —en persona— con los hombres.

Les haré saber que no soy un predicador preposicional, pero en este punto debemos notar tres preposiciones que tienen que ver con la venida de Jesús, Dios apareciendo como hombre.

Parecía vivir *con* los hombres. Parecía estar unido *a* los hombres. Y, en definitiva, vino a morar *en* los hombres para siempre. Así que, es *con* los hombres, *a* los hombres y *en* los hombres que él vino a morar.

Siempre observo, con un poco de risa, las frustraciones de los traductores cuando llegan a pasajes como el que dice: "A Dios nadie le vio jamás; el Unigénito hijo, que está en el seno del Padre, él nos lo declaró" (Juan 1:18 JBS).

La Palabra de Dios es algo demasiado grande y excelso para la limitada mente de los traductores, por muy bien entrenados que sean en los idiomas antiguos. Ellos llegan a esta frase en griego: él nos lo declaró. La Biblia del Jubileo lo afirma así. En otras versiones bíblicas ellos consideran este concepto, lo analizan, lo desmenuzan, emplean dos o tres palabras y luego vuelven a una. Hacen todo lo posible para tratar de decir lo que dijo el Espíritu Santo, pero tienen que darse por vencidos. Nuestro idioma, como cualquier lengua humana, carece

—simplemente— de la capacidad suficiente para expresar ese concepto en la manera apropiada.

Aun cuando usemos nuestras mejores palabras y algunos sinónimos, no hemos dicho todo lo que Dios reveló cuando afirmó: "A Dios nadie le vio jamás, pero cuando Jesucristo vino, nos mostró cómo es Dios" (paráfrasis de Juan 1:18).

Supongo que nuestro lenguaje simple y cotidiano es tan bueno como cualquier otro.

"Él lo ha revelado, ¡nos ha mostrado cómo es Dios!".

Él nos lo declaró. Él lo ha presentado. Él lo ha revelado. De esta manera, los traductores cambian su idioma tratando de llegar a este maravilloso y significativo milagro.

Pero ese hombre que caminaba en Galilea era Dios actuando como tal. Era Dios, limitado deliberadamente, habiendo cruzado el ancho y misterioso abismo entre Dios y lo no Dios; Dios y hombre. Ningún hombre había visto a Dios en ningún momento.

"El unigénito Hijo, que *está* en el seno del Padre ..." (Juan 1:18), ¿notará que ese "está" no se refiere a tiempo verbal? Tampoco dice que el Hijo estará en el seno del Padre. Está en el seno del Padre. Se expresa en presente, tiempo perpetuo; presente continuo, creo que lo llaman los especialistas en gramática. Es el lenguaje de la continuación.

Por tanto, aun cuando Jesús colgaba de la cruz, no abandonó el seno del Padre.

Es probable que usted me pregunte: "Señor Tozer, si eso es cierto, ¿por qué nuestro Señor Jesús clamó: 'Dios mío, Dios mío, ¿por qué me has desamparado?'" (Marcos 15:34).

¿Estaba asustado? ¿Estaba equivocado? Nunca, no, nunca.

La respuesta debe ser muy clara para los que le amamos y le servimos.

La Deidad nunca dividida

Aun cuando Cristo Jesús murió por la humanidad en aquella cruz impía e infestada de moscas, él nunca dividió la Deidad. Como señalaron los antiguos teólogos, no se puede dividir la sustancia. Ni siquiera todas las espadas de Nerón podrían cortar la sustancia de la Deidad para separar al Padre del Hijo.

Fue el hijo de María el que gritó: "¿Por qué me has desamparado?".

Era el cuerpo humano que Dios le había dado.

Fue el sacrificio el que gritó, el Cordero a punto de morir.

Fue el Jesús humano. Fue el Hijo del Hombre el que lloró.

Créalo, la Deidad antigua y eterna nunca se separó; todavía estaba en el seno del Padre cuando clamó: "En tus manos encomiendo mi espíritu" (Lucas 23:46).

De modo que la cruz no dividió a la Deidad; nada puede hacerlo. Uno para siempre, indivisible, sustancia indivisa, tres personas inconfundibles.

¡Ah, qué maravilla la antigua teología de la iglesia cristiana! Qué poco sabemos de él en nuestros días llenos de liviana superficialidad. Cuánto deberíamos saber de Jesús.

"A Dios nadie le vio jamás; el Unigénito hijo, que está en el seno del Padre, él nos lo declaró" (Juan 1:18 JBS).

CAPÍTULO 2

DIOS MANIFESTADO EN CARNE

*Y el Verbo se hizo hombre y habitó entre nosotros.
Y hemos contemplado su gloria, la gloria que corresponde
al Hijo unigénito del Padre, lleno de gracia y de verdad.*

—JUAN 1:14

Hace muchos años, Alexander Patterson escribió un gran y convincente libro titulado *La grandiosa vida y obra de Cristo*. Creo que ha estado fuera de circulación durante algunos años, pero merece ser reimpreso. En ese volumen, este gran predicador intenta volver al fundamento básico de las cosas y animar a los cristianos a creer, confiar y exaltar a Jesucristo por ser mucho más que el Redentor de la humanidad.

Estoy completamente de acuerdo con él en que Cristo Jesús no es solo el Redentor, sino el Sustentador, el Creador, el Soporte, el que mantiene unidas todas las cosas; él es el elemento que cohesiona al universo. Para los que creen, Cristo

Jesús es el medio a través del cual Dios concede gracia a todas sus criaturas, incluidas las que deben ser redimidas y las que no necesitan serlo.

Es absolutamente cierto que hay clases sobre clases y rangos sobre rangos de criaturas que no necesitan ser redimidas. Sin embargo, también es cierto que todas ellas viven por gracia, así como también el pecador más ruin que se convierta a Jesucristo.

Además, a través del apóstol Juan, el Espíritu Santo nos indica que el Hijo eterno —el Verbo que se hizo carne— está lleno de gracia y de verdad.

Todo por gracia

Recordemos lo siguiente: todo lo que Dios hace es por gracia, puesto que ningún hombre, ninguna criatura, ningún ser merece nada. La salvación es por gracia, la creación es por gracia; todo lo que Dios hace es por gracia y cada ser humano —creyente o incrédulo— ha recibido —en alguna medida— algo de la plenitud de Dios.

Esa gracia ilimitada debe operar dondequiera que lo que no es Dios apele a lo que es Dios; doquiera que la voz de la criatura cruce el vasto abismo para llegar a los oídos del Creador.

¿Cómo obtienen los ángeles sus anchas alas? Por su gracia.

¿Cómo obtienen lo que tienen los principados y potestades, las filas y las columnas de criaturas resplandecientes que aparecen a través de las páginas de la Biblia?

De su gracia sobre gracia.

Me atrevo a preguntar en este contexto: ¿Qué ha recibido usted de la gracia y la misericordia de Dios?

Aun cuando usted todavía no se haya convertido y ande por su propio camino, ha recibido mucho del océano de la plenitud de Dios. Ha recibido la vida palpitante que late en su pecho. Ha recibido la mente y el cerebro brillantes que yace dentro de la cubierta protectora de su cráneo. Ha recibido un recuerdo que encadena los eventos que ama y quiere como un orfebre que ensarta las perlas en un collar y las guarda para usted mientras viva y más allá.

Todo lo que usted tiene es por la gracia de Dios. Jesucristo, el Verbo eterno, que se hizo carne y habitó entre nosotros, es el canal abierto a través del cual Dios se mueve para proporcionar todos los beneficios que da a los santos y a los pecadores.

¿Y los años, el resto de la existencia que le queda por vivir?

No puede creer que se lo haya ganado.

No puede creer que tenga algo que ver con que usted sea bueno o malo.

Confiese que todo ello proviene de la gracia divina, puesto que el universo entero es el beneficiario de la gracia y la bondad de Dios.

En el quinto capítulo del libro de Apocalipsis, el apóstol Juan lleva un registro de todo el universo uniéndose para alabar al Cordero que fue inmolado. Bajo la tierra, sobre la tierra y encima de la tierra, Juan escuchó a las criaturas alabando a Jesucristo, todas unidas en un gran coro:

Cantaban con todas sus fuerzas:

¡Digno es el Cordero, que ha sido sacrificado,
de recibir el poder,
la riqueza y la sabiduría,
la fortaleza y la honra,
la gloria y la alabanza!

Y oí a cuanta criatura hay en el cielo,
y en la tierra, y debajo de la tierra y en el mar,
a todos en la creación, que cantaban:
¡Al que está sentado en el trono y al Cordero,
sean la alabanza y la honra, la gloria y el poder,
por los siglos de los siglos! (Apocalipsis 5:12-13).

Sí, el universo entero es beneficiario de la rica gracia de
Dios en Jesucristo.

Cuando testificamos con fidelidad y presentamos a Cristo a
los hombres y mujeres de nuestros días como Señor y Salvador,
debemos recordar que ya están recibiendo los beneficios de la
gracia; solo les presentamos a Jesucristo en un nuevo rol, el de
Redentor.

Cuando le decimos a un incrédulo: *Cree en el Señor
Jesucristo*, en realidad lo que le estamos diciendo es: "Cree en
aquel que te sostiene, que te sustenta y que te ha dado la vida.
Cree en aquel que se compadece de ti, te perdona y te guarda.
¡Cree en aquel de quien viniste!".

Nada aparte de Jesús

Es cierto que Dios nunca ha hecho nada sin Jesucristo. Las
estrellas en sus cursos, las ranas que croan junto al lago, los
ciervos que habitan los bosques, los ángeles que moran en el
alto y sublime cielo y los hombres que están abajo en la tierra, todos salieron del canal que llamamos la Palabra eterna.
Aun cuando estamos ocupados proclamando a Jesús como
Señor y Salvador, la verdad es que todos hemos recibido de
su plenitud.

Ahora, hace algún tiempo escribí en un editorial acerca de Jesucristo en cuanto a que no puede haber salvador sin señorío. Esto, sin embargo, no es un pensamiento que se haya originado en mi mente puesto que creo que la Biblia enseña claramente que Jesucristo es Señor y Salvador; que es Señor antes que Salvador; y que si no es Señor, no puede ser Salvador.

Repito, cuando presentamos esta Palabra, esta Palabra eterna que se hizo carne para habitar entre nosotros, como Señor y Salvador, lo presentamos también en sus otras funciones: Creador, Sustentador y Benefactor. Es el mismo Señor Jesús, y de él Juan da testimonio fiel: "La gracia y la verdad nos han llegado por medio de Jesucristo" (Juan 1:17).

Supongo que todos estamos de acuerdo en que la ley fue dada por Moisés y, en este punto, no estoy empleando ningún contraste entre el Antiguo y el Nuevo Testamento. Cualquier posición teológica que enfrente un testamento de la Biblia con el otro debe provenir de una teoría falsa.

La idea de que el Antiguo Testamento es un libro de ley y el Nuevo Testamento un libro de gracia se basa en una teoría completamente falsa.

Lo cierto es que hay tanto sobre la gracia, la misericordia y el amor en el Antiguo Testamento como en el Nuevo. Hay más sobre el infierno, más sobre el juicio y la furia de Dios que arde con fuego sobre los hombres pecadores en el Nuevo Testamento que en el Antiguo. Si usted quiere ver un lenguaje flagelador y humillante que arde, inflama y quema, no consulte a Jeremías ni a los antiguos profetas; escuche las palabras de ¡Jesucristo!

Ah, cuántas veces necesitamos decirlo: el Dios del Antiguo Testamento es el mismo Dios del Nuevo Testamento. El Padre en el Antiguo Testamento es el mismo Padre en el Nuevo Testamento.

Además, el Cristo que se hizo carne para habitar entre nosotros es el mismo Cristo que recorrió todo lo cubierto en las páginas del Antiguo Testamento.

¿Fue la ley la que perdonó a David cuando cometió sus grandes pecados?

Debemos afirmar categóricamente que no, lo que perdonó a David fue la gracia mostrada en el Antiguo Testamento.

¿Fue la gracia la que dijo: Ha caído Babilonia, ha caído la gran ramera, ha caído Babilonia? (paráfrasis de Apocalipsis 18:2).

No, fue la ley expresada en el Nuevo Testamento. Seguramente no existe esta gran diferencia ni este contraste entre el Antiguo y el Nuevo Testamento que muchos parecen asumir. Dios nunca enfrenta al Padre con el Hijo. Nunca enfrenta al Antiguo Testamento contra el Nuevo.

El único contraste aquí es entre todo lo que Moisés pudo hacer y todo lo que Jesucristo puede hacer. Moisés dio la ley; eso fue todo lo que pudo hacer. Moisés no fue el canal a través del cual Dios dispensó su gracia. Dios eligió a su Hijo unigénito como el instrumento de su gracia y su verdad; tanto es así que Juan testifica que la gracia y la verdad vinieron por medio de Jesucristo.

Lo único que Moisés pudo hacer fue imponer las reglas de la justicia. En contraste con ello, solo Jesucristo es el que produce justicia.

Todo lo que Moisés pudo hacer fue prohibirnos pecar. Jesucristo, al contrario, vino a salvarnos del pecado. Moisés no pudo salvar, pero Jesucristo es ambas cosas: Señor y Salvador.

La gracia vino a través de Jesucristo antes de que María llorara en el pesebre en Belén.

Fue la gracia de Dios en Cristo lo que salvó a la raza humana de la extinción cuando nuestros primeros padres pecaron en el jardín de Edén.

Fue la gracia de Dios en Jesucristo, aún por nacer, lo que salvó a las ocho personas cuando el Diluvio cubrió la tierra.

Fue la gracia de Dios en Jesucristo, que aún no había nacido pero que existía en la gloria de la preencarnación, lo que perdonó a David cuando pecó, lo que perdonó a Abraham cuando mintió. Fue la gracia de Dios lo que le permitió a Abraham rogar a Dios hasta por diez personas justas cuando estaba amenazando con destruir Sodoma.

Dios perdonó a Israel una y otra vez. Fue la gracia de Dios en Cristo antes de la encarnación lo que hizo que Dios dijera: "¡Me he levantado de mañana y te he extendido mis misericordias!". El apóstol Juan habla por todos nosotros también cuando escribe sobre el Hijo eterno y nos recuerda que *contemplamos su gloria.*

Es correcto que preguntemos: "¿Qué era esa gloria? ¿Era la gloria de sus obras?".

Jesús no solo fue trabajador, ¡fue un hacedor de maravillas!

Cada parte de la naturaleza tuvo que ceder ante él y su autoridad.

El hecho de que convirtió el agua en vino ha dado pie a que muchas personas obvien la manifestación de su poder y su autoridad enredándose en discusiones en cuanto a la diferencia entre el jugo de uva y el vino. Eso importaba poco, lo cierto es que convirtió el agua en vino. Ese fue el milagro.

Cuando nuestro Señor se acercó a los enfermos, los sanó. Cuando se presentó ante los endemoniados, ordenó a los demonios que salieran de esos cuerpos. Cuando nuestro Señor se paró en la cubierta oscilante de un bote diminuto sacudido por vientos feroces y olas gigantescas, le habló al agua, reprendió al viento y se produjo una gran calma.

Todo lo que hizo nuestro Señor fue significativo y en pro de la manifestación de su gloria eterna.

Medite en la ternura y la compasión del Señor Jesús cuando resucitó al niño y se lo devolvió a su madre viuda de camino al cementerio. Reflexione en lo glorioso de su afecto cuando resucitó a la pequeña hija de Jairo y la devolvió a su padre para que le brindara amor y atención.

Creo que Jesús probablemente le sonrió a aquella niña después que la llamó de su sueño de muerte y le dijo: "Siéntate, hija. Es hora de ir a la escuela".

Usted llama a sus hijos cuando es tiempo de ir a la escuela. Estoy seguro de que Jesús usó el mismo lenguaje, una expresión tierna y sencilla.

Las obras de nuestro Señor siempre fueron obras dramáticas. Siempre fueron obras asombrosas. Nos preguntamos si Juan pensaba en esas cosas cuando afirmó: *Contemplamos su gloria*, pero —en lo que a mí respecta— creo que no. Creo que Juan tenía una gloria mucho mayor en su mente.

Nunca podremos conocer todas las maravillosas obras de sanidad y misericordia que Jesús realizó mientras estuvo en la tierra, pero debemos fijar nuestros ojos en su gloria, que fue mucho más grande que los milagros y las maravillas.

El hombre es más importante

Considere lo primero: lo que es un hombre siempre es más importante para Dios que lo que hace.

Recuerde que, si un individuo tuviera la capacidad de levantarse y crear lagos, montañas, árboles y hasta animales, pero no fuera un buen hombre, con todo y eso ¡no sería de ningún valor para Dios!

Recordemos además que, si un individuo es un buen hombre, de principio a fin, pero no tiene poder para realizar milagros ni la más mínima obra, aun así sería uno de los tesoros más preciados de Dios. Dios escribiría su nombre con sus propias manos puesto que lo que él está buscando es hombres bondadosos, amorosos, entregados a Dios.

Por tanto, lo que fue glorioso en todo esto fue la persona y el carácter de Jesús. No fue solo lo que hizo, sino lo que fue como ser encarnado. Lo que hizo fue secundario. Lo que era en su persona era lo primordial.

Hermanos y amigos amados, la gloria de Jesucristo no admite discusión alguna; es un hecho irrefutable, único, exclusivo de la Segunda Persona de la Trinidad; su gloria reside en el hecho de que él era el amor perfecto en un mundo sin amor; él era la pureza perfecta en un mundo impuro; él era la mansedumbre perfecta en un mundo áspero y pendenciero.

Su gloria no tiene fin. Él era la humildad perfecta en un mundo en el que cada hombre buscaba su propio beneficio. Era la misericordia ilimitada e insondable en un mundo egoísta y cruel. Era la bondad completamente desinteresada en un mundo lleno de egoísmo.

Juan afirma: "Y vimos su gloria" (Juan 1:14). En ello incluyó la devoción inmortal de Jesús; su sufrimiento paciente, su vida inextinguible, y la gracia y la verdad que yacían en la Palabra eterna.

No puedo evitar pensar en esto durante la temporada navideña, llena de celebraciones festivas y generalmente inspiradas en las ganancias. Por muy poco que sepa acerca de las razones por las que Cristo vino a la tierra, el pobre y ciego mundo no celebra la transformación del agua en vino. La celebración no tiene nada que ver con la curación de los enfermos ni con la resurrección de los muertos. El pobre y ciego mundo con el escaso instinto religioso que tiene realmente se une para celebrar lo que fue Jesucristo. Se dice muy poco sobre lo que hizo, pero se dice mucho sobre quién era.

La humanidad se une alegremente a entonar las canciones pertinentes y todos leemos los editoriales y los artículos sobre el asombroso hecho de que Dios estuvo caminando entre los hombres; que aquí había un hombre actuando como Dios en medio de hombres pecadores. Y esa, precisamente, es la gloria y lo maravilloso de todo.

Esa es la gloria divina que ninguna personalidad, por más famosa y capaz que sea en toda la tierra, nunca podrá alcanzar. Esa es la gloria que Alejandro Magno nunca pudo obtener.

Piense por un momento en ese hombre, Alejandro Magno, rey de Macedonia, conquistador de Grecia, faraón de Egipto y Gran Rey de Media y Persia. Ese chico salvaje, hijo de Filipo II de Macedonia, escarneció al mundo civilizado bajo sus pies, conquistándolo todo, al punto que lloró porque no había más mundos que conquistar. Pero Alejandro nunca se había conquistado a sí mismo y la historia registra que murió como un libertino decepcionado. Era un genio en la batalla, pero un bebé mimado en su propia casa.

El resplandor

En contraste con lo anterior, la gloria de Jesucristo fulgura como el resplandor del sol, porque lo que él fue ha asombrado al mundo. Lo que hizo fue maravilloso; lo que dijo y lo que enseñó fue asombroso; pero lo que él era, el Verbo eterno hecho carne, era la corona de todo lo que hizo y todo lo que dijo.

La Biblia enseña tan clara y coherentemente lo que Juan proclama en el primer capítulo de su evangelio: "De su plenitud todos hemos recibido gracia sobre gracia" (Juan 1:16).

De su plenitud todos hemos recibido. No hay forma en que eso pueda significar que alguno de nosotros ha recibido toda su plenitud. Lo que significa es que Jesucristo, el Hijo eterno, es el único medio a través del cual Dios dispensa sus beneficios a su creación.

Debido a que Jesucristo es el Hijo eterno, debido a que él es de generación eterna e igual al Padre en lo que respecta a su sustancia, su eternidad, su amor, su poder, su gracia, su bondad y todos los atributos de la deidad, él es el canal a través del cual Dios brinda todas sus bendiciones.

Si usted pudiera preguntarle al venado que desciende tranquilamente por las colinas a la orilla de un lago en busca de una bebida refrescante: "¿Has recibido la plenitud del lago?", la respuesta sería: "Sí y no. Sí, porque estoy lleno del lago, pero no he recibido la plenitud del lago. Y no, porque no me bebí todo el lago. Solo ingerí del lago lo que pude contener dentro de mí".

Por eso, de su plenitud, de la plenitud de Dios, él nos ha dado gracia sobre gracia de acuerdo a nuestra necesidad, y todo ello es por Jesucristo, nuestro Señor. Cuando habla, cuando provee, cuando sostiene, es porque se puede decir que Él sustenta todas las cosas por la Palabra de su poder y en él todas las cosas subsisten.

Ahora bien, cierto día estaba meditando y pensé lo siguiente: podría haber sido muy fácil para Dios habernos amado y nunca habernos dicho que nos amaba. Dios pudo haber sido misericordioso con nosotros y no revelárnoslo nunca. Sabemos que entre los humanos es posible que sintamos algo profundamente y aun así no se lo digamos a nadie. Es posible tener buenas intenciones y no darlas a conocer nunca a nadie. Las Escrituras dicen que "a Dios nadie lo ha visto nunca; el Hijo unigénito, que es Dios y que vive en unión íntima con el Padre, nos lo ha dado a conocer" (Juan 1:18).

El Hijo eterno vino a decirnos lo que el silencio nunca nos dijo.

Vino a decirnos lo que ni siquiera Moisés podía decirnos.

Vino para decirnos y mostrarnos que Dios nos ama y que se interesa constantemente por nosotros.

Vino a decirnos que Dios tiene un plan de gracia y que está llevando a cabo ese plan.

Antes de que todo esté terminado y consumado, habrá una multitud que ningún hombre podrá contar, redimidos de toda lengua, tribu y nación.

Eso es lo que nos ha dicho acerca del Dios Padre. Él lo ha presentado. Él lo ha revelado: su ser, su amor, su misericordia, su gracia, su intención redentora, su intención salvadora.

Él lo ha declarado todo. Él nos ha dado gracia sobre gracia. Ahora solo tenemos que volvernos a él, creer en él, aceptarlo y seguirlo. Todo es nuestro si lo recibimos porque *¡el Verbo se hizo carne y habitó entre nosotros!*

CAPÍTULO 3

EL DIOS AUTOEXISTENTE

En el principio era el Verbo...

—Juan 1:1 RVR1960

Cualquier hombre o mujer realmente sensible a la verdad divina descubre que hay, en realidad, una especie de asfixia espiritual que a menudo se siente en el intento por luchar con los versículos iniciales del Evangelio de Juan, o con los versículos iniciales de Génesis, para el caso.

Ningún hombre es realmente lo suficientemente ilustrado, capacitado ni preparado en cuanto a su fe y su propia experiencia para tratar de exponer a otros estos pasajes bíblicos clave. Nadie debería realmente predicar sobre la frase *En el principio...*, pero esa expresión está presente y también lo está en nuestra enseñanza.

Hacemos todo lo posible por estudiar y aprender, seguros de que hay un mensaje profundo y útil para nosotros aquí, pero —con todo y eso— sentiremos lo que expresó hace años el poeta que dijo lo siguiente: "Solo los tontos se apresuran a entrar donde los ángeles temen pisar".

Sin embargo, debemos meditar en la naturaleza eterna de Dios con el objeto de poder adorar como debemos hacerlo. Como usted sabe, a menudo menciono a Frederick William Faber, cuyo gran corazón de adorador trató con esos misterios durante su vida en el siglo diecinueve. Faber celebró la visión de la existencia eterna de Dios con estas cálidas y maravillosas palabras:

> ¡Padre!, el Nombre más dulce y querido
> que conocen los hombres y los ángeles.
> ¡Fuente de vida, que no tenía fuente
> de la que pudiera fluir!
>
> Cuando el cielo y la tierra aún estaban deshechos,
> Cuando el tiempo aún era desconocido,
> Tú, en tu bienaventuranza y majestad,
> Viviste y amaste solo.
>
> Tu inmensidad no es joven ni vieja;
> Tu vida nunca ha crecido;
> Ningún tiempo puede medir tus días,
> Ningún espacio puede hacer tu trono.

Hermanos amados, seguramente este debe ser uno de los pensamientos más grandes y excelsos que jamás podamos tener: Que ese es el Dios vivo y eterno en quien estamos interesados, por lo que reconocemos que solo en Dios puede haber existencia sin causa.

En este contexto, confieso mi tristeza por la superficialidad del pensamiento cristiano en nuestros días. A muchos les interesa la religión como una especie de juguete. Si pudiéramos emitir un juicio, parecería que muchos hombres y mujeres van a la iglesia sin ningún deseo genuino de adorar a Dios. No acuden a la iglesia con el fin de encontrarse con Dios y deleitarse en su presencia. No vienen a informarse ni a escuchar acerca de ese mundo eterno que espera por nosotros.

Lo cierto es que debemos ser conscientes de que todo lo que nos rodea tiene una causa subyacente. Usted tiene una causa y yo tengo otra. Todo lo que sabemos, conocemos y captamos es efecto o consecuencia de alguna causa.

Si pudiéramos ponernos en algún tipo especial de máquina que nos llevara al pasado y retrocediera a lo más remoto del tiempo, más allá de los siglos de historia registrada, más allá del comienzo de la creación, y llegáramos a ese punto en el que no había nada ni nadie, excepto Dios. ¡Él mismo Dios!

Imagínese que pudiéramos borrar la historia y manipular a nuestro antojo todo lo acontecido en el universo, aun con todas esas habilidades veríamos a Dios existiendo sin causa alguna que lo origine; Dios —autosuficiente, no creado, no nacido, no hecho— Dios solo, el Dios vivo, eterno y autoexistente.

Comparado con Él, todo lo que nos rodea en este mundo se reduce en estatura y significado. Todo es un pequeño negocio comparado con él: pequeñas iglesias con pequeños predicadores; pequeños escritores con pequeños editores; pequeños cantantes y pequeños músicos; pequeños diáconos y pequeños funcionarios; pequeños educadores y pequeños estadistas; pequeñas ciudades con pequeños hombres y pequeñas cosas

Amados hermanos, la humanidad está tan asfixiada por los pequeños granos de polvo que componen el mundo, el tiempo, el espacio y la materia, que somos propensos a olvidar que en un momento Dios vivió, habitó, existió y amó sin apoyo, sin ayuda y sin creación alguna.

¡Así es el Dios sin causa! ¡El Dios sin origen! ¡El Dios autoexistente!

Este Dios con el que tratamos nunca ha tenido que recibir nada de nadie. No hay nada ni nadie con quien Dios haya estado en deuda.

Algunas personas se atreven a pensar que están rescatando o ayudando al Dios vivo cuando dejan caer un billete de diez dólares en el platillo de las ofrendas en la iglesia a la que asisten el domingo.

No creo que exagere cuando digo que algunos de nosotros ponemos la ofrenda en el plato con una especie de sensación triunfal como diciendo: "¡Ah, ahora Dios se sentirá mejor!".

Dios no necesita nada

Lo que voy a expresar a continuación puede herir a alguien en particular —si usted no se da por aludido, mejor—, no obstante me veo en la obligación de decirle que Dios no necesita nada de lo que usted posee. Él no necesita ni un centavo de su dinero. Es el propio bienestar espiritual de usted lo que está en juego en asuntos como estos. Hay un principio hermoso y enriquecedor involucrado en nuestra ofrenda a Dios, en lo que somos y en lo que tenemos, pero ninguno de nosotros da, ofrenda o dona porque exista una depresión económica o un colapso financiero en el cielo.

La enseñanza de la Biblia es clara: usted tiene el derecho de quedarse con todo lo que tiene, pero eso —al final— se corroerá, se deteriorará y le arruinará.

Hace mucho tiempo Dios dijo: "Si yo tuviera necesidad de algo, ¿te lo diría?" (Salmos 50:12, parafraseado). Si el Dios vivo necesitara algo, perdería su esencia divina, ya no sería Dios.

Por tanto, eso fue antes del comienzo. Nos interesa aquí lo que la Biblia califica como *antes de la fundación del mundo* (por ejemplo, Juan 17:24).

Se nos dice que en el principio *Dios creó*. Se nos hace percatar de que Dios no se apoya en su propia creación.

Si Dios necesitara ayuda, apoyo o fuerza, no sería omnipotente y —por lo tanto— no sería Dios.

Si Dios requiriera de consejo, opinión o recomendación, no sería soberano. Si necesitara sabiduría, ya no sería omnisciente. Si necesitara apoyo y sustento, no podría existir por sí mismo.

De modo que, en lo que al hombre se refiere, hubo un comienzo y hubo una creación; eso es un hecho indiscutible. Es más, esa frase bíblica —*en el principio*—, no marca una fecha de nacimiento para el Dios todopoderoso. Simplemente es una expresión que indica cierto punto en el tiempo, tal como lo consideramos —con nuestra mente finita y un lenguaje humano que no puede expresar de manera apropiada la grandeza de las cosas divinas—, el momento en que Dios dejó de estar solo y comenzó a crear tiempo, espacio, seres y criaturas en general.

Sin embargo, no estamos del todo preparados para considerar esa situación previa a la creación, antes de que se echaran los cimientos de la tierra, cuando Dios, ese Ser no creado, habitaba solo; un ambiente en el que el amoroso Padre moraba con el Hijo, el Hijo con el Espíritu Santo y este —a su vez— con el Padre y el Hijo.

Dios es el Dios eterno, que habita en un escenario sereno que no tuvo principio y que no puede tener fin. Ahora bien, usted puede notar que no he usado una expresión como, por ejemplo, "el vacío previo a la creación". Vacío es una palabra buena y útil. Cuando no sabemos qué más decir, decimos que algo es vacío.

No obstante, antes de la creación, Dios estaba presente —en lo que nosotros, con nuestro limitado lenguaje humano podríamos llamar espacio—, por lo que Dios no es un ser vacío, ni es vacío en sí mismo. Él es el Dios trino y es todo lo que existe. En su existencia previa a la creación, Dios ya estaba ocupado, atareado con sus misericordias eternas, con su mente agitada con pensamientos misericordiosos y planes redentores para una humanidad aún no creada.

Este es un muy buen punto para leer Efesios 1:4. "Dios nos escogió en él antes de la creación del mundo, para que seamos santos y sin mancha delante de él. En amor". Soy muy consciente de que, a veces cuando predico sobre este tema, realmente inquieto a los calvinistas. También sé que, a veces, cuando predico, preocupo a los arminianos y es probable que este sea el momento en que usted empiece a sudar frío.

Antes de la creación

Pablo les dijo a los cristianos de Éfeso que fuimos escogidos en Cristo antes de la creación del mundo. Es probable que alguien me persiga y trate de arrinconarme diciéndome lo que sigue: "¿Cómo es posible que hayas sido elegido en él antes de la creación del mundo?".

A esa persona le respondería con otra pregunta: "¿Cómo puedes explicar un tiempo en el que no había materia, ni ley, ni movimiento, ni relación, ni espacio, ni tiempo, ni seres, si no que el único que existía era Dios?".

Si usted puede explicarme eso, entonces yo podré explicarle cómo me eligió Dios en él antes de la creación del mundo. Solo puedo decir que debemos tener en cuenta la presciencia de Dios, puesto que Pedro escribió a sus hermanos cristianos y los llamó "elegidos según la presciencia de Dios Padre en santificación del Espíritu, para obedecer y ser rociados [y redimidos (NVI)] con la sangre de Jesucristo" (1 Pedro 1:2 RVR1960).

Los actos de la creación en el principio no fueron la primera actividad de Dios. Él había estado ocupado antes de eso, ya que debió programar, planificar y poner en marcha todo lo relativo a elegir y ordenar las cosas que iba a crear; todo ello era una tarea previa a la fundación del mundo.

¿Es esto calvinismo?

Hace algún tiempo escribí un pequeño editorial con el título: "Marchamos por un camino designado". Señalé que no somos huérfanos en el mundo, que no vivimos ni respiramos por accidente y que somos hijos de Dios por fe. Afirmé que es cierto que nuestro Padre celestial va delante de nosotros y que el Pastor también va adelante y nos abre el camino.

Un querido amigo que estaba entre los lectores que me escribieron, me dijo: "Fui criado en un ambiente metodista. Respecto a sus comentarios, ¿quiere decir que lo que tenemos es algo preordenado? Eso es lo que creen los presbiterianos. ¿A qué se refiere usted, hermano Tozer?".

Así que, en respuesta, le escribí una carta —a ese amado lector— en la que le expresé lo siguiente: "Querido hermano: cuando dije que marchamos por un camino designado, no estaba pensando en la preordenación, la predestinación, la seguridad eterna ni en los decretos eternos.

"Estaba pensando", le dije, "en lo lindo que es que los pasos de un buen hombre sean ordenados por el Señor; y que, si un cristiano consagrado se pone en manos de Dios, incluso los accidentes se convertirán en bendiciones. No solo eso, sino que nuestro Dios hará que el mismo diablo trabaje para la glorificación de sus santos".

Siempre ha sido la experiencia de los hijos de Dios que cuando caminamos diariamente en la voluntad de Dios, incluso lo que parece una tragedia y una pérdida al final resultará en una bendición y una ganancia.

No era mi intención profundizar tanto; solo dije que nuestro Padre celestial nos guía y que el Señor ordena los pasos de los hombres buenos. Estoy seguro de que el hermano metodista puede irse a dormir tranquilo y consciente de que no tiene que volverse presbiteriano para estar seguro de que Dios lo está cuidando.

Por cierto, no sé cómo llegó esta ilustración, ¡porque no estaba en mis notas!

Ahora, una vez más al registro de la creación: *En el principio*.

Materia versus materialismo

Es evidente que Dios creó la materia, ¡lo cual no está mal! Materia es aquello de lo que se compone cualquier objeto físico, es decir, la esencia misma. Además, la palabra materia es la raíz de la que obtenemos los vocablos material y materialismo.

Creo que mucha gente en nuestras congregaciones se confunde cuando algún hermano erudito nos aconseja que todos debemos unirnos en una lucha ferviente contra el materialismo.

Todos miran a su alrededor en busca del enemigo, pero parece que no hay ninguno a la vista. Si un hombre no sabe qué es el materialismo, ¿cómo se puede esperar que se una a la batalla?

La palabra *materialismo* se ha convertido en parte de la jerga moderna. Las cosas creadas que aceptamos como materia están a nuestro alrededor: cosas que podemos tocar, oler, saborear, manipular, ver y oír. Cosas que ceden a los sentidos, son cosas materiales y no son malas.

El materialismo en su forma extrema surge cuando hombres y mujeres, creados a imagen de Dios, aceptan y consideran la materia como lo definitivo. Los defensores del materialismo y las cosas materiales y físicas afirman lo siguiente: "Esta es la única realidad. La materia es lo más importante, ¡no hay nada más!".

Por tanto, la expresión "Debemos luchar contra el materialismo" no significa que todo el mundo deba agarrar una espada y correr tras un tipo llamado "Material" con el fin de matarlo.

Lo que sí significa es que debemos comenzar a creer en la creación de Dios como un hecho fehaciente, que la materia es solo una creación del Dios omnisapiente y amoroso, y que las cosas físicas que conocemos y disfrutamos no son lo más valioso; no son un fin en sí mismos.

En el relato de la creación, Dios debía tener un lugar en el cual poner la materia, por lo que creó el espacio. Tenía que dejar espacio para el movimiento, por lo que creó el tiempo.

Pensamos en el tiempo como algo enrollado en un carrete gigantesco en el cielo y que avanza para los hombres más rápido que para las mujeres. El tiempo no es tal cosa: el tiempo es el medio por el que cambian las cosas. No es el tiempo lo que hace que un bebé crezca, es el cambio el que lo hace. Para que ocurra el cambio, debe haber una secuencia de cambios. Eso es lo que llamamos tiempo secuencial.

Luego Dios hizo las leyes que rigen el tiempo, el espacio y la materia. Es probable que sea una simplificación excesiva la que presento a continuación, pero en la ley que él estableció, Dios solo estaba diciéndole a la materia: "Ahora, estírate y deja que las cosas se muevan".

Luego, en el registro bíblico, vemos que Dios creó la vida. La creó para que pudiera haber una conciencia del tiempo, el espacio, el movimiento y la materia. Entonces Dios creó al espíritu, para que hubiera criaturas conscientes de Dios. Luego organizó todo el universo —lo que llamamos cosmos— y así tenemos el mundo.

Ahora bien, estoy consciente de que la creación es mucho más compleja de lo que he descrito aquí y que me llevó más tiempo del que me está tomando para contarlo. Pero fue en el principio cuando Dios creó el cielo y la tierra. Ese fue el momento en que comenzó a concretarse el pensamiento. Ahí fue donde empezó la materia, con el tiempo y el espacio. Ahí fue donde comenzó la vida creada.

¡Ah, cuánto me alegra el registro claro acerca del Dios viviente, amante y creador!

Dios no necesita de nosotros

No creo que pueda adorar a un Dios que sea sorprendido de repente, inconsciente de las circunstancias que me rodeen en cualquier parte del mundo. No creo que podría doblar mis rodillas ante un Dios por el que tenga que disculparme.

Hermanos, nunca podría ofrecerme a un Dios que tenga necesidad de mí. Si ese fuera el caso —que me necesitara—, no podría respetarlo, y si no pudiera respetarlo, no podría adorarlo.

Nunca podría inclinarme y decirle: "Padre, sé que las cosas te están yendo difíciles en estos días. Sé que el modernismo les está haciendo difícil la vida a los santos y sé que el comunismo es una seria amenaza para el reino. Por eso Dios, sé que realmente necesitas mi ayuda, así que me ofrezco a ti".

Algunos de nuestros llamados misioneros se están acercando al mismo error: que debemos participar en la obra misional porque Dios nos necesita con urgencia. El hecho es que Dios está cabalgando sobre este mundo y las nubes son el polvo de sus pies; por tanto, si usted no lo sigue, lo perderá todo, aunque Dios no perderá nada. Con todo y eso él será glorificado en sus santos y admirado por todos los que le temen. Seguirlo al lugar donde Dios estará eternamente complacido con nosotros, debería ser el primer acto responsable de todo ser humano.

Todas estas consideraciones se basan en el carácter y la dignidad de Dios. Ningún hombre ni ninguna mujer en ningún lugar debería intentar acercarse a Dios como un gesto de compasión por un pobre Dios que le necesita. ¡No, no, hermano mío!

Dios ha dejado en claro que hay un infierno, un lugar para las personas que no quieren amarlo a él y que aborrecen servirle. La tristeza y la tragedia de este hecho es que estos son seres humanos a los que Dios ama porque los creó a su propia imagen. De nada más en la creación se dice que fue creado a *semejanza de Dios*.

Debido a que el hombre caído y mortal está aún más cerca de la semejanza de Dios que cualquier otra criatura sobre la tierra, Dios le ofrece conversión, regeneración y perdón. Seguramente fue debido a ese gran potencial presente en la personalidad humana que el Verbo pudo hacerse carne y habitar entre nosotros. El Hijo unigénito no pudo tomar sobre sí la naturaleza de los ángeles, pero pudo y tomó sobre él la simiente de Abraham, como se nos dice en Hebreos 2:16.

Dios no desperdicia la personalidad humana

Se nos asegura de muchas maneras en las Escrituras que Dios el creador no desperdicia la personalidad humana, pero sin duda es una de las crudas tragedias de la vida que la personalidad humana puede desperdiciarse a sí misma. Un hombre por su propio pecado puede desperdiciar su vida misma, lo cual constituye derrochar lo que más se parece a Dios en la tierra.

El pecado es una enfermedad crónica. Es anarquía. Es rebelión. Es transgresión, pero también constituye el desperdicio más grande del más precioso de todos los tesoros en la tierra. Es como cuando usted derrocha una fortuna excepcional y al final se detiene por un instante de lucidez, mira a su alrededor y se da cuenta de que es un tonto, un derrochador que ha disipado en una pérdida abrumadora e irrecuperable su alma, su vida, su paz, su personalidad, sus amores ¡todo!

¡Ah!, ¿cómo podemos hacer que los hombres y mujeres que nos rodean se den cuenta de que el Dios todopoderoso, los amaba y pensaba en ellos antes de que fundara el mundo, tanto que planeó la redención, la salvación y el perdón de ellos?

Hermanos cristianos, ¿por qué no somos más fieles y serios al proclamar las grandes preocupaciones eternas de Dios?

¿Cómo va a aprender este mundo que nos rodea que Dios es todo en todos a menos que seamos fieles en nuestro testimonio?

En una época en la que todo en el mundo parece vanidad, Dios depende de nosotros para proclamar que él es la gran Realidad, y que solo él puede dar sentido a todas las demás realidades.

¿Cómo van a descubrir y saber las grandes multitudes insatisfechas que fuimos hechos por Dios, para él y para la alabanza de su nombre?

La respuesta a la pregunta "¿De dónde vengo?" nunca se puede responder mejor que lo que dice la madre cristiana: "¡Dios te hizo!". El gran acervo de conocimientos en el mundo de hoy no puede mejorar con esta simple respuesta.

Los principales científicos pueden informarle acerca de sus extensas investigaciones sobre los secretos de cómo opera la materia, pero el origen de la materia se encuentra en un profundo silencio y se niega a dar una respuesta a las muchas preguntas del hombre.

Dios, el Dios autoexistente, omnisciente y omnipotente, hizo el cielo, la tierra y al hombre que mora en la tierra, pero a este lo hizo para la gloria del mismo Dios. Por eso, no hay otra respuesta a la pregunta: "¿Por qué Dios me hizo?".

Es muy importante para nosotros, en estos días turbulentos, que seamos capaces de permanecer firmes y arraigados a la siguiente declaración: *¡Así dice el Señor!*

Nuestro principal negocio no es discutir con nuestra generación, ni en gran medida persuadir o probar nada. Con nuestra declaración —*¡Así dice el Señor!*— hacemos responsable a Dios del resultado. Nadie sabe lo suficiente ni nadie puede saber lo suficiente como para ir más allá de esto. Dios nos hizo para él: eso es lo primero y lo último que se puede decir sobre la existencia humana; todo lo que agreguemos no es más que un simple comentario.

CAPÍTULO 4

LA ETERNIDAD EN EL CORAZÓN DEL HOMBRE

En él estaba la vida, y la vida era la luz de la humanidad.
—JUAN 1:4

Sé que hay muchas personas a las que se les hace bastante fácil creer que Dios es eterno, pero les es muy difícil creer que Dios ha puesto inmortalidad, o eternidad, en los corazones de los hombres y las mujeres.

Durante mucho tiempo he insistido en que, si fuéramos un poco más valientes, predicaríamos más a menudo acerca de la imagen de Dios en el hombre, con lo cual no quiero decir que el hombre no convertido ya sea salvo.

Sin embargo, no dudo en decir que la única razón por la que el hombre puede salvarse es porque Dios ha puesto eternidad en su corazón.

El hombre ha caído, ¡sí! El hombre está perdido, es pecador y necesita nacer de nuevo, ¡sí! Pero Dios hizo al hombre a su propia imagen y guarda el anhelo por la eternidad y el deseo por la vida eterna ahí, en lo más profundo del corazón del hombre.

El Espíritu Santo, hablando a través del salmista en los tiempos del Antiguo Testamento, lo hizo testificar: "desde la eternidad hasta la eternidad, tú eres Dios" (Salmos 90:2 LBLA).

Si usted rastrea esa palabra eterna en el idioma hebreo, encontrará que puede que signifique "tiempo ilimitado" o "siempre", o puede significar "hasta que se desvanece". También puede significar "pasado sin principio".

¡Desde la eternidad hasta la eternidad, Dios es Dios! Desde el pasado sin comienzo hasta el futuro sin fin, ¡Dios es Dios!

Eso es lo que dice el Espíritu Santo sobre la persona y la naturaleza eterna de Dios.

Ahora bien, si la mente de ustedes se parece a una trampa para ratones —que se abre y se cierra—, es probable que comenten —con cierta ingenuidad infundada— algo como lo siguiente: "Todo lo que se refiere a ese atributo divino que llamamos eternidad, es bastante sencillo. Lo podrás encontrar en una nota al calce, en la página 71, de la *Teología Sistemática* de Fulano de Tal. Así que, por ahora, dejemos este punto, salgamos y tomemos un refresco".

Así lo descartará y lo dejará, o lo guardará en su memoria entre los elementos no utilizados en el ático de su alma.

Sin embargo, hermano, si lo deja vivir y le permite al Espíritu Santo que traiga su resplandor, puede haber un gran significado; puesto que estamos entre el punto de partida eterno de un ayer olvidado y el punto de partida igualmente eterno de un mañana por nacer.

Su propia eternidad

Aunque la damos por hecha, no nos sorprende en lo absoluto la naturaleza eterna de Dios, pero la mayor maravilla es que él ha considerado conveniente poner su propia eternidad en los corazones de hombres y mujeres.

Este es realmente el asombroso pensamiento que se nos presenta en una versión bíblica antiquísima en la que Eclesiastés 3:11 afirma "que Dios ha hecho todo hermoso en su tiempo y ha puesto el mundo en su corazón".

La palabra *mundo* que se usa en esa versión es exactamente la misma que usó el Espíritu Santo cuando dijo *eterno*. Él indicó que la naturaleza y la persona de Dios son eternas y luego dice que dentro del corazón de la criatura llamada hombre, y a quien Dios hizo a su propia imagen, ¡yace esta cualidad de eterno!

Otra traducción de este pasaje dice: "Dios ha puesto la eternidad en la mente del hombre". Eso es todo, ¡punto!

Es como si Dios, en verdad, estuviera diciendo que ha puesto tiempo en la mente y en el corazón del hombre; que ha puesto "la eternidad sin principio" en el corazón del hombre. Eso comunica que Dios ha puesto —en el corazón del hombre— "afinidad por la eternidad". Los especialistas tratan de dar muchas razones y explicaciones sobre la condición de la humanidad; en lo personal, no dudo en hablar sobre el estado atribulado en el que hombres y mujeres vacilan.

Creo que la siguiente declaración constituye la verdad sobre nuestros problemas y nuestras dificultades: el hecho de que Dios ha puesto la eternidad en nuestros corazones nos perturba. Él ha puesto un anhelo por la inmortalidad en nuestro ser. Ha puesto algo dentro de los hombres y las mujeres que hace que anhelemos a Dios y las cosas del cielo; sin embargo, somos tan ciegos y pecadores que nos cuesta encontrarlo y, a veces, hasta intentar buscarlo se nos dificulta.

En un sentido real, Dios ha consentido al hombre dándole ese toque de eternidad en su alma. Si fuéramos solamente seres terrenales y perteneciéramos únicamente al dominio de las bestias, eso no nos molestaría. Pero el hombre no puede aceptar yacer con las bestias y dejar de existir.

Por tanto, ¿qué le pasa al hombre? ¿Por qué vaga, se inquieta, pelea y como león enjaulado camina de un lado a otro y ruge a los cielos antes de morir?

Las bestias del campo no tienen guerras. El ganado en los pastizales no tiene casas de juego ni prostíbulos. ¿Por qué es que solo el hombre, entre todas las criaturas, trama y conspira para armar dispositivos o instrumentos destructivos?

Cuando decimos que el hombre lleva una vida bestial, ¡estamos insultando a la bestia y mintiendo sobre el hombre! El pecado no es bestial, es diabólico; y las bestias del bosque no se molestan con el diablo. Solo las personas —hombres y mujeres— tienen dificultades con el diablo y la razón es clara: Dios ha puesto el aprecio por la eternidad en sus corazones. Los hizo a su imagen. Ha puesto un anhelo interior de inmortalidad en sus corazones.

Una vez más repito: nuestra predicación y nuestra enseñanza no enfatizan suficientemente que Dios hizo al hombre a su propia imagen. Los modernistas nos han asustado. La iglesia cristiana necesita muchos más hombres con valor y fortaleza instintiva, hombres que no se asusten ni se acobarden todo el tiempo.

Los hombres y las mujeres necesitan que se les diga claramente, una y otra vez, por qué se perturban y por qué se molestan. Necesitan que se les diga por qué están perdidos y que, si no se arrepienten, ciertamente perecerán. Los médicos y los consejeros informan a los hombres y mujeres acerca de sus problemas psicológicos, pero hay algo más profundo dentro del ser humano que lo perturba y trastorna: ¡es el anhelo por la eternidad!

Hace algún tiempo escribí en un artículo que Dios hizo al hombre a su propia imagen y que el pecado ha estropeado el alma del hombre y la ha arruinado. Luego continué diciendo que cuando un hombre eleva su corazón a Dios y ora, está haciendo la cosa más natural del mundo porque Dios lo creó originalmente para que hiciera eso.

Bueno, una lectora crítica y de mente estrecha que leyó el artículo en la costa este del país, lanzó una fuerte queja contra mí al presidente de la Alianza Cristiana y Misionera.

Al acusarme de que yo era un liberal, un modernista, un hereje y un desviado en mi teología, pidió mi despido como editor con el siguiente comentario: "¡Imagínense, decir que la oración es una cosa natural!".

Creo que algún día, cuando ambos lleguemos al cielo, ella va a buscar a un pequeño editor para disculparse por su ignorancia aquí en cuanto a los caminos de Dios con los hombres y las mujeres que los transitan.

Lo que Dios pretendía

Este es exactamente el hecho, señoras y señores: Dios los hizo con la eternidad en sus corazones, para que cuando vuelvan su rostro hacia el Eterno y rueguen: "Dios, ten piedad de mí, pecador", y luego continúen diciendo: "Padre nuestro que estás en los cielos", ¡finalmente sean lo que Dios quería que fueran desde el principio!

Sin embargo, cuando usted mira a la tierra como una bestia, no está siendo natural, se comporta como un pecador.

Cuando se niega a invocar a Dios por medio de Jesucristo, no está haciendo lo natural, ¡está haciendo algo enfermizo!

Hermanos míos, recuerden que el pecado es a la naturaleza humana lo que el cáncer al cuerpo humano. Cuando un hombre ha sido liberado de un cáncer creciente en su cuerpo, cuando es capaz de respirar, de vivir sin dolor y sabe que es libre, está haciendo lo natural.

Así también, cuando un pecador redimido dice: "El Señor es mi pastor; nada me faltará", está haciendo lo que se remonta al jardín del Edén, a los lomos de Adán; sí, va más allá de eso, hasta el Nuevo Adán, Jesucristo nuestro Señor.

Lo sé con certeza y sé que no soy liberal ni modernista; no soy fanático, ni hereje, ni soñador. Soy un predicador ordinario que exalta a Dios y a su Cristo y creo que no es un cumplido para nadie que no pueda ver eso.

Sí, Dios ha puesto el anhelo de la inmortalidad en nuestros corazones. Eso es lo que quiere el espíritu del hombre y muere de asfixia cuando no lo consigue. Quiero ilustrar esto. He leído que solían llevar aves a las minas de carbón para detectar la presencia de gases peligrosos. Probablemente ahora hacen todo con máquinas y dispositivos, pero hubo un momento en que llevaban aves en sus jaulas y las dejaban en cualquier área donde se sospechaba que podrían estar presentes gases venenosos.

Los dueños de las minas habían determinado que ciertas aves reaccionarían rápidamente al peligroso gas. Si hubiera una alta concentración del gas venenoso, el pájaro caería rápidamente y moriría en el fondo de su jaula.

Ahora, claramente ese era un pájaro creado por Dios, un milagro en plumas, una maravilla con alas, creado y destinado a volar sobre los prados verdes, mirar al sol brillante y respirar el dulce aire de los cielos. Pero llévelo a las profundidades de una mina subterránea donde hay gas, donde hay contaminación y rápidamente muere de asfixia.

Usted puede aplicar eso al alma del ser humano. Dios creó al hombre como un alma viviente con la intención de que se levantara y se elevara a las eternidades y viviera con él. El Creador nos hizo mirar hacia atrás en el punto de partida eterno que fue y luego en el punto de partida eterno que será, sin sentir edad y sin contar los cumpleaños, pero como Dios, viviendo en Dios.

Empero el pecado nos ha arruinado. Hemos escuchado a esa serpiente, el diablo. Hemos bajado a los rincones del mundo aislados, oscuros e infestados de veneno, y los hombres están muriendo en todas partes de asfixia espiritual. Uno los ve y reconoce su condición.

Algunos de nosotros pasamos una semana en Dixon, Illinois, asistiendo a las sesiones de nuestra conferencia anual de distrito. Allí me di cuenta de que una pareja mayor se alojaba en el hotel en el que estábamos. Supongo que tenían más de setenta años. Iban bien vestidos y tenían un coche grande, pero el envejecimiento los había marchitado. En realidad, tenían un aspecto mezquino y se hablaban como si ambos sintieran un profundo dolor. Ambos parecían malos y azotados como si la vida los hubiera maltratado. Ni un rastro de sol, ni fragancia ni simpatía: solo dos ancianos cansados, fatigados y frustrados, aparentemente demasiado malos para morir y demasiado viejos y secos para seguir vivos. ¡Sentí que caminaban esperando al que los iba a enterrar!

Ellos solo fueron un ejemplo, pero el mundo está lleno de personas como ellos. Seres humanos desesperados e indefensos: algunos en la sociedad, en grandes casas y grandes coches. Otros en cárceles, hospitales, asilos. Todos ellos me hacen pensar de nuevo en los pobres pájaros que Dios hizo para que cantaran y volaran, pero que eran enviados a las entrañas de la tierra a una muerte segura solo para comprobar que los hombres podían o no llegar a esas profundidades sin peligro de asfixiarse.

Esa es la imagen de la humanidad. La actividad febril es una señal de lo que nos pasa. El pecado nos ha hundido en las profundidades y nos ha marcado tanto con la mortalidad que nos hemos convertido en hermanos del barro. Llamamos al gusano hermano y a la muerte hermana, ¡pero Dios no quiso nunca que eso fuera así!

Dios hizo al hombre recto, diciendo: "¡Ahora hagamos al hombre a nuestra imagen!". ¡Y a imagen de Dios lo hizo y le dio dominio!

Sin embargo, el hombre pecó, y todo lo que le queda es una apreciación de lo divino y un deseo oculto de tener lo eterno.

El hombre no ha encontrado la respuesta

Ese es el punto de su necesidad vital y es el anhelo que lo impulsa y tira de él. Pero no ha encontrado la respuesta. Él no tiene esa vida eterna que estaba con el Padre y que se nos manifestó. Es realmente triste que el hombre en su búsqueda solo pueda quejarse de que todo lo que encuentra e intenta siempre es falso.

Ahora, algunos de ustedes están pensando que este sermón parece que se está desarrollando en clave menor. Pero no me disculpo ni me corrijo. No es necesario que vuelva a escucharme predicar si cree que estoy equivocado, pero créame: no hay nada que se anuncie en los catálogos, que se cante o se difunda en la radio, que apele a Wall Street, a Hollywood, a Londres, a Singapur o a Roma que no sea engañoso. ¡No hay nada en el mundo que deje de ser peligroso si Jesucristo no está en ello!

Como es probable que sepa, hace algún tiempo prediqué en la antigua Iglesia del Tabernáculo, del Dr. A. B. Simpson en Times Square, en la ciudad de Nueva York. El pastor era un hermano culto con un encantador acento sureño.

Después de haber predicado varios días, caminábamos juntos en medio de la multitud apresurada que colma las calles de Nueva York, cuando se volteó hacia mí y me dijo: "Hermano Tozer, creo que ya lo he descubierto".

Le pregunté qué había descubierto.

"Creo que he encontrado su filosofía espiritual básica", dijo. "Creo que se reduce a esto: '¡Todo está mal hasta que Jesús lo arregla!'".

Le respondí: "Gracias, hermano. Eso es. Yo diría que usted lo ha resumido".

En realidad, yo no lo había pensado de esa manera, pero creo que él tenía razón, y ahí es donde estoy, señoras y señores. Todo está mal hasta que Jesús lo arregla.

Cierta vez me pidieron que predicara en una conferencia y creo que me equivoqué al ir porque el énfasis estaba en la diversión, las bromas, los juegos y los músicos tocaban de todo, desde una sierra de mano hasta una calabaza seca. Todo muy divertido, pero algo parecido a Hollywood, supongo.

El pastor que me invitó me dijo, días más tarde, que después de que los dejé, su esposa le planteó lo siguiente: "Cariño, después de escuchar al doctor Tozer, ¿puede ser cierto que no hay nada bueno en el mundo?".

Bueno, como sé que ella tenía una Biblia en su casa creo que su tonta pregunta es la número 5.821 que la esposa de un predicador puede hacer.

En verdad, no hay nada bueno. No hay quien haga el bien, nadie. Todo está mal hasta que Jesús lo arregla. Todos sabemos que hay muchas cosas que se consideran buenas a nivel humano, pero no hay nada que sea divinamente bueno hasta que lleve la huella de nuestro Señor Jesucristo.

Marcas de la maldición

Hay tres marcas muy distintas de la antigua maldición que descansa sobre todo en este mundo. Primero, todo es reciente. En segundo lugar, todo es temporal. En tercer lugar, todo es transitorio.

A diferencia de la eternidad, todo aquello de lo que el hombre se enorgullece —sus aparatos novedosos, sus automóviles de alta potencia, su tecnología de punta, su dominio del mundo cibernético, su capacidad para volar por los cielos— todo, todo, es reciente. El hombre animal con su cerebro ocupado dice: "¡Estas son las cosas más maravillosas del mundo!".

Sin embargo, su ser interior gritaría si se lo permitiera. "¡No, no! Esa no es la respuesta. Eso es algo que pertenece al cerebro y al mundo, ¡pero mi corazón todavía clama por la eternidad!".

Las cosas temporales y transitorias nos rodean, pero su maldición es que nos pertenecen solo por un breve día. La maldición es que el hombre se sienta contento, completamente satisfecho con los artilugios y los servicios que le aseguran a toda criatura comodidad mientras viva.

Hermano, le recuerdo que ha de haber un día en que uno de esos vehículos maravillosos, hermosos y modernos se detendrá frente a su puerta principal. Dos hombres de rostro gris bajarán con una caja a su medida y lo sacarán a usted, lejos de su radio, su televisión, su computadora, sus artefactos diversos y lo llevarán a rastras a un lugar en el que alguien se parará con el fin de oficiar su funeral.

No es el cerebro, no es nuestra inteligencia humana, no es nuestro progreso moderno lo que va a ganar. Si este es nuestro orgullo, nuestro deseo y nuestra alegría, es mejor no haber nacido nunca.

Supongo que puede ser más cómodo ir al infierno en un Cadillac, o enorgullecerse de su naturaleza animal con la comida cocinada en un horno automático pero, sin embargo, cuando llega allí lo que encuentra es el lloro y crujir de dientes.

Sé que no me equivoco cuando le advierto que su pobre corazón —en el que Dios ha puesto aprecio por la eternidad— no aceptará aparatos eléctricos ni progreso humano; lo que anhelará es tener segura la vida eterna. Algo dentro de usted es demasiado grande para eso, demasiado impresionante para eso, ¡demasiado maravilloso para eso! Dios ha puesto la cualidad de la eternidad en nuestros corazones, un atributo que solo él ha de satisfacer.

Por tanto, a nuestro alrededor están las marcas de lo temporal, lo transitorio.

Estoy seguro de que ha visto a un niño pequeño ver un colorido desfile de un circo. Los grandes carros, los payasos, los elefantes, los leones y los tigres, las bandas, los disfraces, las lentejuelas. Todo emociona al niño: los ojos se le abren y los gritos de alegría salen espontáneamente. Pero eso pasa. Es temporal. Es transitorio. El desfile continúa hasta la estación de ferrocarril indicada y, a la hora determinada, desaparece.

Y así es con todo lo que el mundo nos ofrece. Una especie de baratija bonita. Una clase de sonajero agradable que nos emociona. Un tipo de canto de sirena que nos distrae. Una especie de golosina para disfrutar la escena en la que vivimos.

Cuando era pequeño, el chupete era una gran cosa, y supongo que todavía lo es. En mi niñez, mucho tiempo atrás, el chupete nunca provenía de una tienda. Era una "mamila de azúcar", manufacturada con una pequeña prenda de tela llena de azúcar que se cosía al final. Cuando el bebé comenzaba a llorar, simplemente le metían esa cosa en la boca y el pequeño dejaba de sollozar, porque se sentía satisfecho, temporalmente.

Hago la observación puesto que muchos de los predicadores de nuestros días son expertos en esa costumbre pasada de moda del chupete, la mamila de azúcar. Piensan que eso resultará en que más personas asistan a sus iglesias. Creen que resultará en ofertas más beneficiosas. Piensan que eso hará más probable que tengan éxito.

Si tiene que haber algún tipo de indulgencia o chupete para que sigan a Cristo entonces, en lo que a mí respecta, pueden seguir adelante. Gran diversión les espera.

Nuestro Dios todopoderoso nunca dijo: "Joven, consíguete un bolsillo lleno de mamilas de azúcar y ve a alimentar al público carnal".

Lo que sí dijo fue: "Predica mi Palabra y pondré mis palabras en tu boca; y no tengas miedo de ellas, porque si les tienes miedo, te confundiré delante de ellas. ¡Pero si eres valiente, estaré contigo y haré erguir tu cuello como uno de bronce pulido!".

Considere si lo desea, este pequeño cuello arrugado —talla 15— que me caracteriza. Es probable que usted piense que si alguien me golpeara fuerte en mi cabeza, me la sacaría de raíz.

Sin embargo, mi hermano, este cuello es como el bronce. El Dios todopoderoso dijo: "¡Lo haré como bronce!".

Ahora bien, no nos detendremos en esa nota.

Atrévase a creer y a reclamar

¿Se ha atrevido usted a creer y proclamar esta revelación de Juan acerca de que Jesucristo, el Verbo, estaba con Dios y era Dios?

¿Se ha atrevido a confesar la gran verdad de que aprecia la eternidad y que no estará satisfecho sin ella?

¿Qué es lo que siempre ha querido realmente?

No es religión. Si lo investiga, sabrá que es reciente. No es filosofía. No es civilización. Todo eso se puede rastrear. Son cosas recientes y temporales.

Hemos sido traicionados por cada perspectiva que crea el hombre.

Sin embargo, cuando sabemos que estamos pereciendo, a punto de fallecer, el Espíritu Santo de Dios es fiel y susurra: "En el principio era el Verbo, y el Verbo era con Dios, y el Verbo era Dios" (Juan 1:1).

Hay eternidad, y la eternidad se hizo carne y caminó entre nosotros, y todo el que crea en él no perecerá, sino que tendrá vida eterna.

El Verbo Eterno, el Hijo Eterno, vino a redimirnos. ¿Alguna vez ha pensado, como yo, en el misterio del amor y la gracia divinos, en cómo caminaba el pequeño Jesús —por la carpintería de José— en su andador plástico con tanta delicadeza?

Ah, un bebé es algo inofensivo y lo captura a uno con más rapidez que un regimiento completo de soldados. Si usted hubiera visto a la eternidad moviéndose a través de ese bebé, con su andador plástico, dando vueltas y cayendo de bruces entre los restos de madera, habría corrido, lo hubiera recogido, le habría limpiado toda suciedad y le habría susurrado: "Eso duele. Pero no pasó nada. ¡Sé un niño grande!". Él habría sonreído, se habría enjugado una lágrima y se habría largado a caerse otra vez.

Esa era la eternidad caminando en carne. Fue el Dios todopoderoso que vino a vivir entre nosotros para redimirnos y salvarnos de lo reciente, lo temporal y lo transitorio, ¡y para darnos eternidad!

Cada uno de los que lo recibiremos, tiene la vida eterna que estaba con el Padre y que fue dada a los hombres.

Qué maravilloso es que un Dios amoroso nos otorgue esto y, sin embargo, qué terrible es que nos rehusemos, lo rechacemos y tengamos que ser azotados con las correas del infierno.

¡Oh, Dios nos ofrece la luz verdadera! El pecado que yace en nuestra naturaleza nos ha arruinado, pero él solo nos pide que acudamos a Jesucristo y confesemos: "Señor Jesús, te creo. Creo que eres el Verbo eterno y que en ti tengo la eternidad, una que es igual a la eternidad de Dios, ¡esa vida eterna que estaba con el Padre!".

CAPÍTULO 5

EL PLAN DE REDENCIÓN

A lo suyo vino...

—Juan 1:11 RVR1960

E n los primeros versículos del Evangelio según San Juan, hemos leído en palabras notablemente breves y sencillas acerca del pasado eterno y del Hijo eterno. Se nos dice que desde el principio él era Dios; que hizo todas las cosas, que en él estaba la luz y que además estaba la vida.

Sin duda, estas palabras y frases poderosamente simples yacen en la base de toda la teología. Están en la raíz de toda verdad.

Cuán emocionante es para nosotros, entonces, recibir en estas breves palabras —*A lo suyo vino*—, la confirmación del acto divino que conocemos como encarnación, ¡Dios venido en carne!

Confieso que me sorprende la maravilla y la magnificencia del significado ilimitado de estas cuatro palabras, *A lo suyo vino*. Con ellas se describe todo el alcance de la misericordia divina y el amor redentor.

Toda la misericordia que Dios es capaz de mostrar, toda la gracia redentora que pudo derramar de su corazón, todo el amor y la piedad que Dios es capaz de sentir, todo ello al menos se sugiere aquí en el mensaje que expresa el tema *A lo suyo vino*.

Más allá de ello, todas las esperanzas, anhelos y aspiraciones, todos los sueños de inmortalidad que yacen en el pecho humano, todos tuvieron su cumplimiento en la venida a la tierra de Jesús, el Cristo y Redentor.

El hombre siempre ha sido una criatura esperanzada, lo que hizo que John Milton escribiera que "la esperanza eterna brota en el pecho humano". Incluso el hombre caído sigue siendo una criatura con esperanza. Por eso se nos recuerda —en la parábola del hijo pródigo— que mientras permanecía frustrado en aquella porqueriza, el joven derrochador evocó la casa de su padre y aun en su ensimismamiento reflexionó en lo que le pasaba, por lo que se preguntó: "¿Qué estoy haciendo aquí? ¿Por qué no estoy en la casa de mi padre?".

Todas nuestras esperanzas y sueños de inmortalidad, esas entrañables visiones de una vida venidera, se resumen en estas sencillas palabras que aparecen en el registro bíblico: ¡*A lo suyo vino*! Supongo que es la naturaleza de editor que yace dentro lo que me hizo captar la impresión que me causa el hecho de que estas sencillas y cortas cuatro palabras ocupen solo unos pocos espacios en una línea impresa. Pero lo que estas cuatro palabras nos dicen es más profundo que toda la filosofía compilada a través de los siglos, y no estoy usando el superlativo superficialmente en este contexto.

Hay momentos en los que el uso del superlativo es absolutamente necesario y no se puede evitar. La venida de Jesucristo a este mundo representa la verdad más profunda e importante de la historia; la verdad más grande que toda la filosofía humana no ha podido exponer a través de las edades, puesto que todos los grandes pensadores del mundo —juntos— nunca podrían producir nada que pudiera acercarse ni remotamente a la maravilla y la profundidad reveladas en el mensaje de estas cuatro palabras: *¡A lo suyo vino!*

Estas palabras son más sabias que todo el conocimiento humano compilado. Entendidas en su elevado contexto espiritual, son más hermosas que todo el arte, más elocuentes que toda la oratoria, más líricas y conmovedoras que toda la música, porque nos dicen que toda la humanidad, sentada en la oscuridad, ¡ha sido visitada por la Luz del mundo!

¡Oh, estoy seguro de que somos demasiado inexpresivos en cuanto a lo que esto realmente significa! Cuando cantamos "Jesús es la luz del mundo", debería haber un brillo en nuestros rostros que haga que el mundo crea que lo decimos en serio.

Significó algo grande y sublime para Milton, que celebró la venida de Jesús al mundo con una de las expresiones más hermosas y conmovedoras jamás escritas por un hombre.

El corazón de Milton seguramente se inclinaba ante la Presencia mientras escribía lo que sigue:

Este es el mes y esta la mañana feliz
En la que el Hijo del eterno Rey del cielo,
De doncella casada y madre virgen nació,
Trajo nuestra gran redención de arriba,
Porque así lo cantaron los santos sabios,
Para que nos liberara de nuestra muerte mortal,
Y con su Padre opera en nosotros una paz perpetua.
Esa Forma gloriosa, esa Luz insondable,
Y ese resplandor lejano de la Majestad,
Como no lo haría en la mesa del alto consejo celestial

Al sentarse en medio de la unidad Trina,
Dejó eso a un lado para estar con nosotros,
Abandonó las cortes del día eterno,
Y eligió con nosotros una oscura casa de arcilla mortal.
Mira cómo desde lejos, en el camino al Oriente,
Los magos guiados por la estrella se apresuran con
　　　dulces olores:
¡Oh, corre! adviérteles con tu humilde oda,
Y ponla humildemente a sus pies benditos;
Primero, ten el honor de saludar a tu Señor,
Y une tu voz a la del coro de ángeles,
Desde su altar secreto emane con fuego sagrado.

Tal fue la descripción poética de Milton respecto a sus sentimientos y lo que entendía acerca de la encarnación.

En lo que a mí respecta, ¡soy alguien que está sencilla e infantilmente feliz de que él haya venido!

Es la historia más grandiosa de todas las edades; sin embargo, muchos de nosotros nos sentamos, la escuchamos, hasta bostezamos y confesamos interiormente: "¡Cuánto me aburre esto!".

¿Por qué? ¿Cuál es la razón?

Creo que lo hemos escuchado y vuelto a escuchar tantas veces que ya no significa todo lo que debería implicar para nosotros. ¡Oh, hermanos, qué maravillosas, hermosas y misteriosas palabras! *¡A lo suyo vino!*

A lo suyo

Luego leemos que "a lo suyo vino, y los suyos no le recibieron" (Juan 1:11 RVR1960).

Hay un hecho significativo en el uso de las palabras *lo suyo*. En el doble uso en que se manifiestan en este pasaje en el idioma castellano, las palabras parecen ser las mismas. Pero, como las usa Juan, la traducción de la primera es que él vino a sus propias cosas, su propio mundo, su propio hogar. La versión bíblica Dios Habla Hoy dice que "Vino a su propio mundo".

El segundo uso, sin embargo, es diferente; como si "la gente en su propio mundo no lo recibiera".

Pensemos en el mundo al que vino, porque —en verdad— es el mundo de Cristo. El mundo que compramos, vendemos, recorremos y tomamos por la fuerza: este mundo es el mundo de Cristo. Él lo hizo y es el dueño de todo lo que en él hay.

Jesucristo, la Palabra eterna, hizo este mundo. Hizo los mismos átomos de los que estaba hecha María; los átomos de los que estaba hecho su propio cuerpo. Hizo la paja de aquel pesebre sobre el que fue acostado cuando era un bebé recién nacido.

He pensado mucho en eso innumerables veces, en el más dulce y tierno de todos los misterios de la revelación de Dios al hombre.

Confieso que me hubiera gustado ver al niño Jesús. Esa no es una posibilidad, porque la muerte ya no tiene dominio sobre él, y ahora es glorificado allá a la diestra de la Majestad en las alturas. Pero ese mismo Jesús, ahora ascendido y glorificado, fue aquel niño Jesús que una vez acunó el colchón de paja del pesebre. Aunque asumió un cuerpo de humillación, seguía siendo el Creador que hizo la madera del pesebre. Ese bebé que yacía sobre aquel humilde lecho fue el mismo que creó la paja donde fue acostado; además, fue el creador de todas las bestias que allí estaban. En verdad, había creado la pequeña ciudad en la que vino al mundo y todo lo que había en ella. También creó la estrella que iluminó aquella escena trascendental en esa noche inolvidable.

Este era el eterno, el Único. Había venido a su propio mundo. Aunque a menudo decimos que él es nuestro invitado, lo cierto es que el invitado no es Jesucristo. Hablamos y decimos que Dios es el socio de nuestros asuntos, pero me atrevo a decirle a la gente que debe dejar de ser indulgente con Jesucristo. Él no es el invitado aquí, ¡es el anfitrión!

Nosotros somos los invitados. Y somos invitados por su misericordia y su amor. ¡Es hora de que dejemos de disculparnos por el Señor Jesucristo y comencemos a disculparnos por nosotros mismos!

Tenemos muchos apologistas que escriben libros y se dedican a dar conferencias disculpándose por la persona de Cristo y tratando de "explicar" a nuestra generación que la Biblia no significa "exactamente" lo que dice.

Dios se ha revelado en Jesucristo y es por eso que sabemos dónde estamos; creemos que "todas las cosas por él fueron hechas, y sin él nada de lo que ha sido hecho, fue hecho".

Jesucristo hizo el mundo en el que vivimos y colocó todas las estrellas y planetas en sus cursos por todo el universo.

¿Puede alguien creer que Dios realmente lo necesita y lo comisiona para que corra a disculparse y explicar, apresurándose a asumir la parte de Dios y estableciendo una defensa lógica para el Dios eterno, omnisciente y omnipotente?

La relación terrenal

Voy a hacer un paréntesis aquí para hablar de un punto más acerca de la relación terrenal de este eterno ser que vino a su propio mundo. Algunas veces, escucho un ejercicio devocional en la radio en el que los participantes dicen: "María, madre de Dios, ruega por nosotros los pecadores".

Permítame informarle que María está muerta y que, además, no es la madre de Dios. Es correcto que expresemos nuestra posición basándonos en la Palabra de Dios. Si María es la madre de Dios, entonces Elizabet es prima de Dios. Así que puede revisar la Palabra de Dios con el fin de comprobar eso y, si es cierto, entonces Dios tiene una amplia variedad de primos, tíos y nietos, algo supremamente absurdo.

María no es la madre de Dios, puesto que el Espíritu Santo afirmó en las Escrituras —con diáfana claridad— lo siguiente: "Me preparaste un cuerpo" (ver Hebreos 10:5; Salmos 22:9-10; Filipenses 2:7-8). La joven María era la madre de aquel pequeño bebé. Dios en su amoroso y sabio plan de redención usó el cuerpo de ella como matriz con el propósito de formar un cuerpo para su Hijo eterno, que estaba con el Padre y que era igualmente Dios.

Honramos a María por amor, fe y humildad. Porque fue elegida por Dios para ser la receptora del Hijo eterno y por darle un cuerpo humano a ese Hijo.

Por eso es que no nos unimos a decir: "María, madre de Dios". Siempre debemos referirnos a ella como "María, madre de Jesús". Esa es la forma correcta, respetuosa y apropiada para referirnos a ella. Es más, le damos a María la honra que le corresponde, porque es el honor más alto que se le ha dado a ninguna otra mujer desde el principio de los tiempos.

La razón por la que digo esto es porque Jesucristo, la Palabra eterna, hizo este mundo. Él sabía lo que estaba haciendo cuando nos hizo a imagen de Dios y no quiere que nos compliquemos ni racionalicemos nada en su nombre.

¿Qué quiere Cristo de nosotros? Quiere que le agrademos. Y la mejor manera en que podemos agradarle más es rindiendo y dedicando todo nuestro ser a él. Cada uno de nosotros debemos inclinarnos y postrarnos ante él, confesando que somos pecadores, con una oración ferviente como la siguiente: "¡Oh, Señor, ¡tócame y hazme íntegro!".

Cuando hagamos eso, podremos estar de pie, limpios y perdonados, sin arrastrarnos más en el fango y la degradación de la oscuridad. Es entonces cuando podremos levantarnos, mirar al cielo y cantar con sentimiento y seguridad:

> Una vez pecador fui, pero vine a recibir
> el perdón de mi Señor.
> Gratis todo me lo dio, por lo que descubrí
> que él siempre cumple su palabra.

> En el Libro está escrito: Salvados por gracia;
> ¡Oh, qué alegría vino a mi alma!
> ¡Ahora soy perdonado y sé
> que por la sangre soy hecho íntegro!

Amados hermanos, pertenecemos a Dios. Pertenecemos a Cristo. Este es el mundo de nuestro Padre. Todo lo que tocamos le pertenece. El viento que sopla, las nubes, los campos de maíz y de trigo, los bosques altos y nobles, y los ríos que fluyen, ¡todo es de él! ¡Todo es suyo!

Hemos llegado a amarlo, adorarlo y honrarlo, pero no debemos transigir ni disculparnos por ello. Sí, él vino en la plenitud de los tiempos y su propio mundo, el mundo natural —la naturaleza propiamente dicha— lo recibió. ¡Pero su propio pueblo no lo recibió!

Tengo la sensación de que cuando Jesús vino, toda la naturaleza salió a su encuentro a saludarlo y a rendirse ante él. Prueba de ello es que la estrella guio a los sabios de Oriente, las bestias que estaban en el establo de Belén parecían haber estado preparadas para aquel acontecimiento. Sus propias cosas, las de la naturaleza creada, lo recibieron.

El doctor G. Campbell Morgan en su volumen titulado *La crisis del Cristo*, señala que cuando Jesús fue al desierto para ser tentado por el diablo, estuvo ahí con las fieras durante cuarenta días y cuarenta noches.

El doctor Morgan creía que algunos tenían la concepción errónea de que Jesús estaba con los animales, como si estos hubieran querido atacarlo y que él debía tener cierta protección angelical. El doctor Morgan indicó con mucho acierto lo siguiente: "Tal cosa no es cierta. Las fieras reconocieron a su Rey y, sin duda, se pusieron en pie y lo adoraron".

En armonía con el mundo natural

Jesús estaba perfectamente a salvo allí: era el Creador y Señor de la naturaleza. Estaba en armonía con la naturaleza. A medida que crecía en estatura y sabiduría, creo que el viento soplaba para su deleite y hasta la misma tierra sobre la que pisaba sonreía. Las estrellas de la noche miraban hacia abajo y divisaban la cabaña de aquel Hombre conocido como el humilde carpintero.

Permítame exponer una opinión aquí. Jesús estaba en armonía con la naturaleza de este mundo y soy de los que piensan que cuanto más profundo se vuelve nuestro propio compromiso cristiano, más probable es que nos encontremos en sintonía y armonía con el mundo natural que nos rodea.

Algunas personas se han burlado de los hábitos de San Francisco, como si él hubiera perdido la cordura. Sin embargo, he llegado a creer que él estaba tan completamente rendido a Dios, tan absolutamente absorto en la presencia del Espíritu Santo que toda la naturaleza le era pertinente.

Hablaba con los pájaros, llamaba amigos a la lluvia y al viento; y a la luna le decía hermana. Su vida tenía muchas e inusuales delicias puesto que el mundo bendito de Dios lo recibió de manera tan tierna y cálida.

Hermanos, no me avergüenzo del mundo de Dios; solo me avergüenzo del pecado del hombre. Si usted pudiera sacar todo el pecado de este mundo y extraerlo de repente, no habría nada de qué avergonzarse ni qué temer. Elimine el pecado y no habrá más enfermedad ni dolencia. Sin pecado no habría pacientes en los manicomios. El crimen sería cosa del pasado, tanto que podría irse a dormir cada noche con todas las puertas de la casa abiertas.

Es por eso que he repetido que no tenemos ningún provecho al tratar de excusar a Dios. Nuestras disculpas deben ser por la humanidad y por nuestros pecados.

Creo que Jesús llevó un cuerpo perfecto al Calvario, pero allí —muriendo en la cruz— toda nuestra inmundicia humana, nuestros pecados, enfermedades y dolencias, todo, fue puesto sobre él.

Había venido a su propio mundo, donde incluso los vientos y las olas obedecían su más mínima orden. A esos acontecimientos los llamamos milagros, pero en realidad era solo Dios todopoderoso actuando en su calidad de Dios en el mundo que lo recibió. Pero cuando consideramos a la gente, la humanidad orgullosa con todo su pecado, enfermedades y muerte, ¡esa es otra historia!

En la plenitud del tiempo, fue la nación de Israel, los judíos, a quienes vino Jesús. De todas las personas de la tierra, la nación de Israel seguramente fue la mejor preparada para recibirlo porque eran los hijos de Abraham, llamados a ser un pueblo elegido en un pacto eterno con Dios el Padre.

Israel tuvo la revelación directamente de Dios. Los israelitas conocían todas las tradiciones en cuanto a la adoración y la fe. Tuvieron a los profetas. Realizaban el culto en el templo y festejaban todos los días santos. Sin embargo, con todo y eso, no reconocieron a Jesús como Mesías y Señor. No hay duda de que el de ellos fue el mayor error moral en la historia de la humanidad, porque él vino a su propio pueblo y su propio pueblo lo rechazó. Ah, que gran ceguera tenían los judíos cuando lo rechazaron.

La Biblia es muy clara al advertirnos y hablarnos de ese tipo de ceguera, la ceguera espiritual.

En tiempos anteriores y difíciles en la nación, Dios había comisionado a Isaías como su profeta, diciéndole: "Anda, y di a este pueblo: Oíd bien, y no entendáis; ved, por cierto, mas no comprendáis. Engruesa el corazón de este pueblo, y agrava sus oídos, y ciega sus ojos, para que no vea con sus ojos, ni oiga con sus oídos, ni su corazón entienda, ni se convierta, y haya para él sanidad" (Isaías 6:9-10 RVR1960).

Ese fue el tipo de ceguera que se apoderó de ellos cuando Dios el Hijo vino y no lo reconocieron. Fue un golpe divino que sufrieron por el pecado. Ellos lo rechazaron.

Su propio pueblo no lo recibió, por lo que la pregunta sigue vigente: "¿Por qué?".

En primer lugar, creo que habría significado una probable pérdida financiera para muchos abandonar la vida que llevaban y seguir a Jesús. El joven rico, que se acercó a Jesús para plantearle algunas preguntas, es un buen ejemplo de esa posición. Estaba interesado en las enseñanzas que el Señor impartía, por lo que se preguntaba qué debía hacer. Jesús probó las intenciones del muchacho en cuanto a sus propósitos, instándolo a deshacerse de sus propiedades y unirse a los discípulos para seguirlo. Pero el joven tomó su decisión y se fue triste, puesto que tenía muchas posesiones. Le era muy caro seguir al Maestro que le ofrecía vida eterna. Ese fue el mejor negocio que perdió el pobre joven rico.

Me temo que la elección de la humanidad sigue siendo la misma en la actualidad: la gente está más enamorada de su dinero y de sus posesiones que de Dios. Ama más lo que ve que lo que no ve.

En segundo lugar, para muchos de esos hombres y mujeres que consideraron las afirmaciones de Cristo en sus días, seguir a Jesús habría requerido cambios abruptos y drásticos en sus patrones de vida. No podían tolerar la idea de permitir que algo o alguien perturbaran los aspectos egoístas y orgullosos de sus vidas.

Creo que un tercer factor fue su casi absoluto desdén por la vida espiritual, algo que Jesús enseñó como una necesidad primordial para la humanidad. El hecho de que Jesús insistiera en que son los de limpio corazón los que verán a Dios, en que es el humilde sufriente el que será consolado y que son los mansos los que heredarán la tierra, no revestía ninguna importancia para aquellos superfluos pecadores. Aunque todo ello redundaba en beneficio de una gran limpieza interior. En nuestros días, la historia se repite: muchos de los que quieren seguir las tradiciones cristianas se resisten y rechazan la profunda limpieza espiritual que el Espíritu Santo opera dentro de su ser.

Cuarto, Jesús presentó un concepto completamente nuevo entre los humanos en cuanto a que los primeros serán los últimos en el reino y que aquellos que sean cristianos consagrados deben conocer el significado de la abdicación completa del yo.

Es decir, negarse a sí mismos para seguir a Cristo Jesús. El paso de los siglos no ha alterado esto ni un ápice. Jesús todavía llama con un desafío definido: "Si alguien quiere ser mi discípulo, tiene que negarse a sí mismo, tomar su cruz y seguirme" (Mateo 16:24).

En quinto lugar, Jesús habló de la necesidad de la autenticidad de la fe: fe en lo invisible; fe que ve lo que no se ve; fe que no depende de las obras de la ley; fe que no pone su confianza en el templo ni en las tradiciones ni en las culturas ni en la etnicidad.

Jesús enseñó y les pidió sinceramente a sus seguidores que se lanzaran a buscar a Dios y a deleitarse en su presencia. Para las multitudes, lo que estaba pidiendo era demasiado. Él había venido de Dios, ¡pero ellos no lo recibieron!

Ahora bien, en referencia a las responsabilidades de los hombres y mujeres en nuestros días, parece ser algo muy satisfactorio para algunos simplemente sentarse y criticar a los judíos. Es muy sencillo para nosotros, dos mil años después, predicar acerca de los judíos que no lo recibieron. Es una especie de válvula de escape para nosotros, una excusa que inventamos, como creyendo que Dios apartará la vista de nuestros propios pecados y rechazos. Jesús enseñó muy claramente que debemos quitar la viga de nuestros propios ojos para ver con claridad y quitar la paja del ojo de nuestro hermano.

Cada uno de nosotros debería advertir ese tipo de autoengaño en lo referente a la responsabilidad espiritual. Hemos disfrutado la enseñanza y la predicación cristiana por más de dos mil años, algo que los judíos nunca tuvieron hasta la llegada del Mesías. Tenemos una revelación con la que los judíos no contaban, porque tenemos tanto el Antiguo como el Nuevo Testamento. Tenemos la información y el esclarecimiento espiritual que los judíos no tenían en su tiempo. Por lo tanto, debemos estar urgidos por disfrutar esa presencia del Espíritu Santo que los judíos ni se imaginaban.

En resumen, no creo ni por un minuto que debamos dedicar nuestro tiempo a criticar a los judíos y consolar nuestros propios corazones carnales con cualquier idea o énfasis en cuanto a que Israel lo rechazó. Si lo hacemos, solo reconstruiremos los sepulcros de nuestros padres, como dijo Jesús. Hermanos, la historia nos dice que hicieron lo que ellos quisieron. Sabían sus responsabilidades espirituales, pero aun así rechazaron a Jesús cuando vino a morar entre ellos.

La misma situación sucede en nuestros días. Millones de hombres y mujeres que afirman tener entendimiento de la revelación de Dios en Jesucristo, con muchos años de esclarecimiento espiritual y enseñanza bíblica en su trayectoria, aún no están dispuestos a recibir y consagrarse a aquel a quien los mismos ángeles, las estrellas y la naturaleza en pleno reciben. Ellos vacilan y se demoran porque saben que Dios lo que les pide es que abdiquen de su propio reino y abandonen sus intereses egoístas.

Algunos van "bajo tierra"

Sé que algunos de ustedes no van a cambiar su forma de vivir. Pasarán "bajo tierra" antes de hacer eso. En lo que respecta a algunas personas, estoy seguro de que toda mi predicación solo tiene como resultado el que se hundan. No consentirán en la completa limpieza interior de la casa que implica el compromiso total con Cristo.

¡Perdón, limpieza y pureza! Les diré algo sobre el pesebre en el que pusieron al niño Jesús, estaba limpio. Era simple, era sencillo, incluso tosco para nuestros estándares, pero sé que estaba limpio. José y María nunca hubieran dejado que el niño Jesús yaciera en una cuna sucia; y es igualmente cierto hoy que nuestro Señor no habitará ningún lugar que no esté limpio.

Algunas personas prefieren la suciedad que tener la presencia del Hijo de Dios. Prefieren permanecer en la oscuridad que acudir a la Luz del mundo. Tienen todas las oportunidades para acercarse a él. Tienen todo tipo de luz espiritual. Pero no lo recibirán, no quieren que sus casas espirituales estén limpias.

Esta es la tragedia de la humanidad, hermanos míos. Lo hemos rechazado con todo el corazón porque queremos tener nuestro propio camino. El verdadero significado del cristianismo ha de ser un misterio hasta que nos convirtamos y seamos introducidos por el poder transformador —y que opera milagros— del nuevo nacimiento. Hasta que Jesucristo sea recibido sinceramente, no puede haber conocimiento de la salvación ni entendimiento de las cosas de Dios.

Esto es todo: el hombre —pequeño, egoísta y pecador— rechaza al Hijo de Dios. Se la pasa enumerando las cosas que desea y anhela, mientras el Hijo de Dios continúa afuera esperando por él.

"A lo suyo vino, y los suyos no le recibieron" (Juan 1:11 RVR1960).

Hermanos míos, insisto: ¡Esa es la gran tragedia de la humanidad!

CAPÍTULO 6

EL DIVINO AMOR ENCARNADO

Porque tanto amó Dios al mundo que dio a su Hijo unigénito, para que todo el que cree en él no se pierda, sino que tenga vida eterna.

—JUAN 3:16

S i tuviéramos que juzgar el texto de Juan 3:16 basados en su valor para la humanidad, tendríamos que decir que es probablemente el grupo de palabras más precioso jamás reunido por la mente de un hombre inteligente; ¡un compendio de veintiocho palabras que contiene el evangelio cristiano eterno, el mensaje de buenas noticias genuinas!

Cuando comenzamos a entender la brillantez y el significado de este texto, sentimos que Dios ha resumido el significado más profundo y rico de las Escrituras en un segmento corto y glorioso de la verdad.

En la escuela aprendemos que los diamantes están hechos de carbono natural sometido a unas tremendas presiones que con el tiempo provocan el proceso de cristalización. Si dejamos volar un poco nuestra imaginación, podemos decir con propiedad que el Espíritu Santo ha tomado el evangelio redentor y lo ha puesto bajo la presión emocional del Dios trino, de una forma tan extraordinariamente fuerte y poderosa que se ha cristalizado en este brillante diamante de la verdad.

Usando nuestra imaginación nuevamente, creo que si pudiéramos colocar este texto de Juan 3:16 en un lado de una vasta escala eterna sostenida en el espacio por algún santo para medir su valor para la humanidad, resultaría más precioso que todos los libros que jamás hayan sido escritos por hombres.

Ha habido hombres extraordinarios de gran intelecto, erudición y comprensión en la historia de la humanidad. Al reflexionar en ello, pensamos en Platón, en Aristóteles y en ese grupo de grandes mentes que surgieron cientos de años antes de la venida de Jesús al mundo. Sin embargo diría, con mucha seriedad, que si todo lo que ellos han escrito pudiera colocarse en un lado de la balanza y Juan 3:16 en el otro, todos resultarían —en comparación— tan livianos como el aire.

Me he pasado toda una vida leyendo, pensando y orando; sí, y confiando también; pero estoy dispuesto a decir en serio que, si pudiéramos probar el verdadero valor de todas las obras de Shakespeare, las composiciones sonoras de Milton y todo lo producido por Scott, Víctor Hugo, Emerson y Bacon, junto con todos los demás; no se pueden comparar en valor con lo que estas veintiocho palabras significan para la humanidad. Eso es lo mucho que valoro la declaración de Juan 3:16.

He oído que Juan 3:16 es el texto de predicación favorito de los expositores jóvenes, pero confieso que —por lo que recuerdo— nunca he tenido el valor de preparar y predicar un sermón con Juan 3:16 como base escritural. Supongo que lo he citado 15.000 o 20.000 veces en oraciones y testimonios, por escrito y en los sermones, pero nunca como texto de una predicación.

Uno de los nobles y antiguos comentaristas del siglo diecinueve, Allicott, dijo algo como esto cuando llegó a Juan 3:16 en sus comentarios textuales: "No pretendo decir mucho sobre este texto. Es uno de los favoritos de los predicadores más jóvenes, pero los ancianos sienten que es mejor sentirlo que hablarlo".

Aprecio profundo

Creo que mi propia indecisión para predicar acerca de Juan 3:16 se reduce a lo siguiente: lo aprecio tan profundamente que me asusta. Juan 3:16 me abruma, al punto que me creo incapaz y hasta siento algo de desesperación con la sola idea de predicar sobre ese tema. Además de eso, sé que si un ministro tiene que predicar acerca de Juan 3:16, debe estar dotado de gran simpatía y un amor genuino tanto por Dios como por el hombre.

Sin embargo, esta vez estoy participando en una serie continua del Evangelio según San Juan y una zarza ardiente se cruzó ante nosotros en el camino. ¡No puedo rodearla y no me atrevo a huir de ella!

Así que tengo que acercarme. Me le aproximo como alguien que está lleno de gran temor y, sin embargo, me invade una gran fascinación. Me quito los zapatos, los zapatos de mi corazón, al menos, cuando llego a esta declaración que dice: *tanto amó Dios al mundo*. Esto es más que un pensamiento, es un mensaje divino, digno de ser enunciado por un arcángel. En caso de que pudiese reformularse, eso es todo lo que puedo esperar hacer con él.

Puedo repetirlo aplicándolo de una manera más personal, porque me comunica algo que creo que es para mí: me dice que significo mucho para Dios. Me dice que soy precioso para él. Eso me convence aun más de que Dios quiere revelarse a nosotros en términos personales. Quiere mostrarnos que, al amar al mundo, nos ama a cada uno de nosotros de manera individual, puesto que significamos algo para él. Le interesamos. El propio Dios está emocionalmente preocupado por cada uno de nosotros.

Si solo le dijera esas tres cosas sobre Dios, sobre su amor, y ha estado escuchando con su corazón y con sus oídos, podría despedirle con una bendición sabiendo que el viaje de usted ha valido la pena, pese a lo lejos que estuviera. El hecho de que Dios amó tanto al mundo, expresado en términos personales, significa que Dios está emocionalmente interesado en usted. Significa que usted le importa a Dios. Es una declaración que manifiesta el valor que usted tiene para Dios.

Esto nos lleva a una extraña contradicción que yace en la naturaleza humana: el hecho de que, aun cuando una persona pueda mostrar su orgullo, exhibir un ego prepotente y presumir como un pavo real, sigue siendo el individuo más solitario y miserable del mundo.

Estas personas están a nuestro alrededor, fingiendo y jugando. En el fondo de su ser están muy abrumados por su gran soledad, por esa pesada sensación de ser realmente huérfanos en el esquema definitivo de las cosas.

Un individuo así es muy consciente de que está solo a pesar de su ocupación y su actividad, puesto que en cuanto a las cosas que valen, es un huérfano. En el sentido en que hablamos, no tiene un padre al que pueda acudir. No hay madre a la que pueda acudir en busca de consuelo.

Su sentimiento interior le dice que no hay nadie en ningún lugar que esté emocionalmente preocupado por él. Cualquier preocupación de su propia y pequeña familia no responde a su necesidad, ya que todos morirán junto con él.

El resultado de esta extraña y dolorosa sensación de soledad y orfandad cósmica para un ser humano se puede resumir de la manera siguiente:

"¿De qué sirve ser un ser humano? No le importo a nadie".

"No le importo a nadie, excepto al pequeño círculo de mortales que me rodea y cuando se vayan, ¡no le importaré a nadie!".

Este complejo es uno de los amargos resultados del pecado, incluso para el mismo diablo, que una vez vino y le dijo a Eva: *¿Dios realmente dijo...?* Pero lo que le estaba diciendo, era: "En realidad, no le importas nada a Dios. ¡Dios te ha mentido!". Tenemos que decir que Eva creyó la mentira de Satanás, la mentira de que Dios no se interesaba por ella y que Dios no tenía conexión emocional con su vida ni su ser. Fue así como el pecado entró en el mundo con todos sus males y su horrible estela de muerte.

Dios nos hizo como somos

La verdad es que Dios nos ha hecho como somos: tan vastos, tan complejos y con tan tremendas capacidades intelectuales y espirituales. Solo el pecado, la derrota y la muerte pueden llevarnos a esa sensación de orfandad, esa sensación de haber sido expulsados de la casa de nuestro padre, sensación que sigue cuando una casa se quema o el padre de familia fallece.

Aquí es donde se encuentra la persona no regenerada que habita el mundo actual. Por eso los Napoleón, los Hitler y los Stalin se esfuerzan por conquistar, prevalecer e inmortalizarse a sí mismos. Intentan arreglarlo a su manera para que cuando se vayan el mundo recuerde lo que hicieron, ¡y creen errónea-mente que a alguien le importará!

Esto explica, también, la historia del poeta que reflexionó en su vida después de muchos años, recordando que cuando era niño "escribió en alto un nombre que pensó que nunca moriría".

Pero cuando regresó a la escena de su niñez, a sus ochenta años, y vio su nombre tallado allí con letras toscas y juveniles, sonrió, aunque avergonzado. Era un ser humano y recordaba el anhelo de su juventud, anhelaba importarle a alguien, signi-ficar algo para alguien.

Ahora bien, hay algo en este contexto que debemos consi-derar de manera seria, porque el tiempo en que vivimos pasa a ser la hora de una gran marea humanista. En este enfoque humanista, el individuo ya no es la preocupación. El individuo realmente ya no importa en el tipo de sociedad en la que vivi-mos. Estamos presionados a pensar en la raza humana como en un bulto. Estamos educados para pensar en la raza humana en términos de estadísticas.

Se nos enseña a meditar en la raza humana como podría-mos pensar en una especie de gallinas; a verla en términos de población, en la que todos están relacionados intrínsecamente, pero el individuo no cuenta.

Esta es la maldición de la ideología estatista. Esa es la mal-dición de la filosofía de la dictadura y el arma de los gobiernos totalitarios desde los días del antiguo imperio romano. Esta es la maldición de las ideologías políticas más recientes como el nazismo, el fascismo y el comunismo. Esta es la maldición del globalismo que quiere controlar al mundo entero.

El estado está hecho para serlo todo. El partido o la orga-nización lo significa todo, pero el individuo no significa nada, en absoluto.

Dios trata con las personas

En la propia cara y con la fuerza que este tipo de humanismo tiene en nuestros días, llega el evangelio cristiano, maravillosamente encendido, con la seguridad para todos los que escuchen: "Eres un individuo y le interesas a Dios. Su preocupación no es por el género ni por la especie, sino por los individuos que ha creado".

Cuando el Hijo eterno de Dios se convirtió en Hijo del Hombre y caminó sobre la tierra, lo primero que hizo fue llamar a las personas a seguirlo, lo que hoy continúa haciendo.

No les predicaba a las multitudes como si fueran muchedumbres sin rostro. Les predicaba individualmente y con conocimiento de las cargas y necesidades de cada uno.

Los individuos contaban para él. Se preocupaba emocionalmente por los seres individuales.

La mujer cuyos acusadores dijeron que fue capturada en el acto de adulterio estaba tendida en el polvo, lista para ser lapidada hasta que muriera; pero el Hijo del hombre la levantó tiernamente. Le aseguró el perdón de Dios y le dijo que se fuera y no pecara más.

Las cosas no eran fáciles para las mujeres como individuos en esta tierra, hace dos mil años. Sin embargo, el relato del evangelio es claro en cuanto a que Jesús seleccionó a las madres que estaban entre la multitud con el fin de tocar y bendecir a sus infantes, y asegurarles individualmente que "de los tales es el reino de Dios" (Marcos 10:14).

¡Oh, hermanos míos, Jesús no vino a nuestro mundo a lidiar con estadísticas!

Vino a tratar con personas; y por eso el mensaje cristiano es —y siempre ha sido— que Dios ama al mundo.

No es que Dios solo ame a las masas. Ama a las masas y a las multitudes solo porque están formadas por individuos. Él ama a todas las personas del orbe. Ahora bien, parece que el mundo no conoce ese factor individual que tiene el amor de Dios.

Creo que estoy empezando a comprender lo que dijo Dwight Moody en cierta ocasión sobre el efecto del amor de Dios. Se le cita diciendo: "¡Si pudiera hacer que todos en el mundo creyeran que Dios los ama, haría que todos se convirtieran a Cristo!".

Puede que eso haya sido una exageración, pero al menos creo que estoy de acuerdo con él en que demasiadas personas piensan que el amor de Dios es para el mundo como un paquete en general, pero que no tiene nada que ver con el individuo.

Usted solo tiene que mirar a su alrededor con un tipo de observación seria, para confirmar el hecho de que el diablo ha tenido éxito en plantar la mentira de que nadie se preocupa por la persona individual. Incluso en la naturaleza que nos rodea, parece haber muy poca preocupación individualista. La carga de la preocupación siempre es para la especie humana.

La naturaleza ha plantado dentro de cada ser humano normal el tremendo impulso de la autopropagación, el mismo que garantiza la perpetuación de la raza.

Sin embargo, cuando el individuo ha perpetuado a los de su especie, muere y vuelve al polvo. Todas las tribus que hoy caminan por la tierra son solo un puñado en comparación con las que duermen en su seno.

Desde que comenzó la larga huida de los años, matrona y doncella y soldado y reyes, hombres sabios y necios, hombres en la gran flor de su vejez, todos yacen bajo tierra juntos.

¿A quién le importa realmente la generación pasada?

La naturaleza parece constatar la idea de que usted y yo importamos muy poco en el esquema general del vasto universo. La naturaleza caída parece confirmar la noción sostenida por tantos hombres y mujeres cansados y moribundos: "Son pocos los que se preocupan cuando vivimos y cuando morimos menos aún se preocupan".

Agradeceremos eternamente a Dios por el mensaje cristiano y por la esperanza cristiana, así como también por el milagro de las vidas transformadas, hecho que nos asegura que Dios se preocupa y que nos ama individualmente.

También agradeceremos eternamente a Dios porque su cuidado y su preocupación no son hechos a la medida de las personas que se creen autosuficientes ni para aquellos que tienen algún medio para ayudarse a sí mismos.

Nadie se detiene a pensar mucho en un viejo vagabundo que entra arrastrando los pies a una estancia pública. *Seguro es un vago*, piensa alguno. La ropa vieja que usa le queda como si hubiera nacido con ella. Su cuerpo anciano y cansado parece oler a todos los lugares en los que ha estado durante los últimos diez años.

Cuando está lo suficientemente sobrio, todavía tiene esos pensamientos y recuerdos de su infancia como también evoca a aquellos que lo amaron y lo nutrieron. Ahora solo le dicen: "Siga adelante, amigo"; echado incluso de los lugares donde los vagabundos hallan refugio.

Solo siente la soledad de un universo vasto y borrascoso. Se siente como el polvo que vuela o las hojas de otoño que caen, solo conoce la profunda sensación de tristeza y de orfandad total, como si todo lo que hubiera significado algo hubiera muerto.

En el pasado y hasta este momento, el evangelio continúa confrontando a todos los desesperados y desamparados en cada cultura y en cada país, insistiendo: "¡Espere un minuto! Usted, el que está sucio, el de bigotes, el oloroso, el de las mejillas hundidas y aplastadas, espere un minuto".

"¡Alguien está emocionalmente preocupado por usted!".

"Alguien valioso no es feliz por la situación en que usted está. Es alguien que conoce el nombre suyo. Que le recuerda y le ama donde está y cómo está. ¡Usted significa algo para él!".

Entonces, una persona sonriente, feliz y bendecida por la gracia y la misericordia del bondadoso Salvador, le susurra al necesitado: "Porque tanto amó Dios al mundo que dio a su Hijo unigénito, para que todo el que cree —incluidos usted y yo— en él no se pierda, sino que tenga vida eterna".

Él sabe muy bien que al alcalde de la ciudad no le importa. Sabe que al jefe de policía no le interesa. Sabe que no está presente en el corazón del gobernador ni en el del presidente ni en el de los miembros del gabinete del presidente.

Sin embargo, la brillante belleza y el resplandor del mensaje finalmente le llegan a él: "Usted le importa al Dios vivo y amoroso de toda la creación. ¡Por encima de todos los demás en todo el universo, él se preocupa por usted, ¡le llama y tiene buenos planes para usted!".

El diamante de la verdad

Ese diamante es producto de una alta presión. Esa es la faceta deslumbrante del diamante de la verdad que Dios ha arrojado al mundo casi con feliz humor, diciendo: "¡Tómenlo!".

¡Qué mensaje para el pecador! Qué mensaje para el fracasado. Qué mensaje para los más solos de los solitarios. Qué mensaje para los hombres y mujeres que se han alejado de Dios después de aprender los importantes versículos de la Biblia en un hogar piadoso y en la escuela dominical.

¿Y qué de los chicos que han ido a las guerras? ¿Qué pasa con los hombres y mujeres indefensos confinados en hospitales e instituciones diversas? ¿Qué pasa con aquellos que se encuentran tendidos entre los escombros y los remanentes de algún trágico accidente? ¿Qué ocurre con aquellos que han recobrado el sentido, pero todavía están atados por cadenas de hábitos, abuso y autogratificación?

¿Cuántos han vuelto sus ojos al Dios de los cielos y le han dicho: "Oh, Dios, cuando era niño, a menudo me decían que te interesabas en mí. ¿Es diferente ahora? ¿Has cambiado de opinión, Dios?".

Los registros no están todos todavía, pero en muchos lugares y en muchos casos, la antigua pero amable voz de Dios ha hecho recordar las promesas divinas a aquellos que creerán y confiarán:

"No, hijo, nada ha cambiado con Dios. Sus promesas aún están disponibles. La gracia y la misericordia aún fluyen. No me alegro de tu condición porque te amo tanto que he dado a mi único Hijo para que todo el que crea en él no se pierda, más tenga vida eterna".

Ahora bien, voy a decir algo que no establezco como doctrina oficial de nadie, pero estoy bastante seguro de que hay madres cristianas que lloran por los hijos que sienten que están en el infierno en este momento.

Algunos de esos hijos nos recibirán en ese feliz día de reunión eterna.

¿Acaso cree usted que el ladrón de la cruz no tenía madre?

¿O no cree que el ladrón en la cruz estaba en el tierno corazón de su madre mientras enfrentaba la muerte?

¿No cree usted que la madre pensó: "Yo le he fallado, la sociedad le ha fallado y él le ha fallado a la sociedad? Está muriendo como un criminal. ¡Mi niño, mi hijo!".

Lo que esa madre no sabía era que aquel que ama y se preocupa por cada individuo estaba al alcance de la mano. Lo que ella no sabía era que el joven rebelde y traidor volvió sus ojos hacia aquel que se preocupaba y con fe dijo: "Acuérdate de mí cuando vengas en tu reino" (Lucas 23:42). Nuestro Señor Jesús, agonizante, le respondió con firmeza: "De cierto te digo que hoy mismo estarás conmigo en el paraíso" (23:43).

La madre solo sabía que su hijo había muerto por ejecución. Cuando ese día terminó y supo que su hijo había muerto, su cabello encaneció más, su rostro se vio más cansado y su tristeza más intensa.

Lo que ella no sabía era que alguien más en el universo lo amaba, se preocupaba y perdonaba en un grado superior al amor de madre. Ella no sabía que el Eterno que había venido a salvar a su pueblo de sus pecados estaba involucrado emocionalmente; su hijo era importante a los ojos de Dios.

Los hombres habían sacado a su hijo de una celda. Lo habían llevado a la ejecución. Pero ahora era que él valía, y valía mucho. De repente, el ladrón en la cruz cobra significación al confesar su fe, tanta que no hay un ángel en el coro angelical más significativo que él. Su nombre como uno de los redimidos suena allá en el cielo prometido por Dios, puesto que el mensaje cristiano dice: *¡Porque Dios amó tanto!*

Por dicha, hermanos, ese amor no es el amor por una especie, por un grupo, sino por cada individuo. Por eso nos asiste la razón cuando cantamos las palabras "Jesús, amado de mi alma". Pero si cantamos: "Jesús, amante del género humano", erramos por completo.

En el sentido más estricto, no existe una raza humana. La raza está compuesta por individuos, de modo que si uno quita a los individuos no tiene raza humana. Lo que también existe son las multitudes y, a veces, a los evangelistas les encanta predicar a esas masas de personas. Pero la multitud es simplemente una congregación de individuos.

Cada individuo tiene un significado eterno

A la luz de su amor, recordemos siempre que cada individuo tiene un significado y un sentido eterno en el corazón de Dios y que él está emocionalmente interesado por el individuo.

Este sigue siendo el día de la gracia, la misericordia y el perdón de Dios, y no hay un ser humano en ninguna parte que haya sido descartado y expulsado por ser "inútil y absolutamente desahuciado".

Dios dice claramente que no hay justo ni siquiera uno, que debemos ser salvos y que pereceremos si no nos arrepentimos. Pero en cuanto se refiere a quedar sin esperanza, no ser perdonado o no poder convertirse, no hay uno que no pueda aprovechar la oferta divina.

Por eso aconsejo que no escuche a ningún aspirante a intérprete de la verdad que insista en que Dios ha elegido a ciertas personas para que sean salvas, que ha renunciado a los demás y que los que no ha elegido no son buenos o que son vasos de ira preparados para la destrucción, individuos creados por Dios con el único propósito de condenarlos. No escuche a los que enseñan lo que Wesley llamó "un decreto horrible".

Nunca he dicho que haya algo bueno en todos, pero digo que hay alguien que los ama y se preocupa por todos, sean buenos o no. Digo que hay un Dios amoroso que se preocupa emocionalmente por ellos.

A menudo salimos de la iglesia hablando descuidadamente sobre muchas cosas, pero quiero que se digan unos a otros: "El que estaba con el Padre y que bajó e informó lo que vio, dice claramente que nosotros le importamos a Dios como individuos; y que descendió del cielo no para condenar al mundo, sino para que el mundo se salve y viva".

He asesorado a personas que me han dicho: "Doctor Tozer, quiero creer lo que Dios dice, pero he pecado, he mentido, he fallado. Hice votos y los rompí. Hice promesas y no las cumplí. ¡Simplemente no soy bueno!".

Lo sorprendente es que toda esa recriminación tenga lugar después de que Dios mismo se haya tomado la molestia de proclamar su amor y asegurarnos que le importamos. Dios nunca ha indicado que está esperando que nos hagamos moralmente buenos. Sin embargo, señala que tenemos un potencial que él conoce bien y que está esperando con el objeto de transformarnos para darle gloria y probar la sabiduría de su misericordia y su gracia por toda la eternidad.

Ahora bien, solo puedo señalar que la fe viene al escuchar la Palabra y que comienza a funcionar tan pronto como comenzamos a afirmarla. Nuestro papel es dirigirnos a Dios con fe, confesar nuestra gran necesidad y agradecerle por revelarnos su amor y su preocupación por medio de Jesucristo, el Hijo eterno.

La fe viene al oír y se perfecciona al orar y hablar con Dios, el Padre celestial. Dios anhela oírle confiar en él: "Oh Dios, creo que te intereso y creo en Jesucristo como mi Salvador y Señor".

Quizás esto suene demasiado simple: sinceramente, ¡es simple y fácil llegar a los brazos de Dios por fe!

Venga a él por primera vez como pecador, para que reciba perdón y salvación. Vuelva a Dios si se ha desviado. Vuelva a casa si se ha extraviado.

Cada uno de nosotros debe acudir con la plena confianza de que esa es una palabra personal que Dios nos ha extendido en la más grande de todas las proclamas: "Porque tanto amó Dios al mundo que dio a su Hijo unigénito, para que todo el que cree en él no se pierda, sino que tenga vida eterna".

CAPÍTULO 7

LA INTENCIÓN DIVINA

Dios no envió a su Hijo al mundo para condenar al mundo, sino para salvarlo por medio de él.

—JUAN 3:17

E l convincente mensaje de Juan 3:17 es más que una declaración de la intención de Dios con la raza humana, porque en realidad constituye una "proclamación extraordinaria!".

Es una proclamación de tres partes unida maravillosamente a Juan 3:16. De esta manera tenemos la seguridad de que Dios envió a su Hijo al mundo; que no lo envió a condenar al mundo; y que lo envió para que el mundo fuera salvo.

Debido a que he estado tan involucrado con este pasaje en mi preparación, al despertarme, caminar con él y meditar sobre él, surge una pregunta candente dentro de mí que debo plantear. Sospecho que podría llamarse "la pregunta sin respuesta".

No se trata de ninguna interpretación de esta parte del Evangelio según San Juan. Es más bien una pregunta sobre nuestras reacciones humanas ante una proclamación tan conmovedora como la del Dios vivo: ¿Por qué hay una especie de indiferencia latente y una apatía asombrosa ante la extraordinaria proclamación de las mejores intenciones de Dios con nosotros?

No es una respuesta suficiente decir que las personas no regeneradas son indiferentes a las cosas espirituales. Es necesario decir claramente que también hay una apatía y un embotamiento asombrosos incluso entre los cristianos profesantes en nuestras iglesias.

Este es un mensaje muy importante que sale del corazón de Dios mismo pero, incluso a plena luz de él, la gente es indiferente.

Sobre nuestros ojos parece haber caído una extraña penumbra. En nuestros oídos parece haber caído un extraño desgaste. En nuestras mentes hay un estupor y en nuestros corazones, me temo, una gran insensibilidad.

¡Es una maravilla y una terrible responsabilidad que tengamos este mensaje —procedente del corazón de Dios— en nuestra posesión y nos conmueva tan poco!

Ahora, si nunca hubiéramos tenido esta comunicación de Dios, posiblemente podría entender por qué podríamos seguir nuestro camino y, como dijo Tennyson, "llevar una vida lerda como la de las ovejas".

Si no tuviéramos una palabra personal del Señor, entonces podría ver por qué todos podríamos ir a la iglesia y sentarnos en estoico silencio; por qué podríamos arrodillarnos en oración y susurrar a un oído sordo que no oye; por qué podríamos levantarnos por la mañana y preocuparnos más por enterarnos de las noticias por Internet que por las verdades espirituales y eternas.

Si este versículo no nos hubiera sido confiado nunca, sería capaz de explicar nuestra indiferencia y nuestra apatía. Podría decir: "Es la indiferencia de la desesperación o la apatía de la desesperación". Podría usar la ilustración de los israelitas cuando eran esclavos de la desesperación en Egipto y cómo generación tras generación seguían en esclavitud. No tenían ninguna esperanza de volver a ser libres. No tenían ninguna expectativa.

Si este versículo no estuviera aquí, sabría por qué somos como somos. Si no se hubiera hecho esta proclamación extraordinaria, podría entender cómo podemos ser tan infelices. Podría entender cómo los humanos pueden caminar mirando hacia la tierra, como las bestias, y rara vez mirando al cielo.

Sin embargo, a la luz del hecho de que se dio a conocer hace dos mil años, solo puedo preguntar: ¿Qué pasa con nosotros? ¿Por qué hay tan poca respuesta? ¿Por qué nos sobreviene este gran estupor?

Algunos piensan que somos personas espirituales y que pertenecemos a iglesias espirituales. Con toda franqueza, creo que muchos cambiarían de opinión si supieran la poca respuesta que hay, la poca sensibilidad al Espíritu, la poca urgencia del corazón en cuanto a los asuntos espirituales.

Una victoria del mal

Creo que esta apatía que nos cubre es una victoria táctica para el mal organizado. Y no me refiero al crimen organizado. ¡No sé mucho sobre los espíritus oscuros que se mueven arriba y abajo en el mundo, y quiero saber aún menos a medida que me acerco a Dios en gracia!

Pero sé que la Biblia enseña que hay espíritus adversos que se mueven arriba y abajo. La Biblia habla de ellos como principados, potestades y dominios. Indudablemente están en el exterior, invisibles a simple vista, inaudibles al oído, pero son legiones del infierno. Son la quinta columna de la iniquidad presente en el mundo y su oficio es subvertir, calumniar, destruir, atar y matar, como el ladrón que se mete en el redil.

El negocio de ellos es difundir la propaganda del infierno en las mentes humanas hasta que estemos atontados, borrachos e inmóviles, sin aspiraciones, esperanzas ni sueños inmortales. Creo que esa es la victoria táctica del diablo que nos rodea.

Por tanto, también creo que los rostros muy aburridos y sombríos que tienen los cristianos son un asombro para las criaturas que no han caído. La Biblia habla de los seres no caídos, los atalayas, los santos, los ángeles y los arcángeles. Son criaturas santas que han continuado sirviendo y adorando fielmente al Dios vivo. No sé cuánto saben, ¡pero deben saber algo!

Fueron enviadas a anunciar con alegría el nacimiento de Jesús en la plenitud de los tiempos.

Posteriormente las enviaron a anunciar la resurrección de Jesús. En el libro de Apocalipsis se nos cuenta de su huida en medio del cielo y de sus movimientos entre los hombres. Por lo que deben estar aquí. Insisto, por tanto, que la manera en que podemos tomar el amor y la preocupación de Dios con tal indiferencia debe ser un asombro para las criaturas santas.

Los cristianos ofrecen muchas excusas por su falta de interés y entusiasmo por las cosas que más apelan al corazón de Dios. Algunos se excusan comparándose con otros a los que llaman extremistas y fanáticos. "Tenemos una personalidad más sobria. Estamos mejor educados. Somos más cultos y por eso mostramos tan pocas emociones". Si pensara que esa respuesta es la verdad, diría: "Gracias a Dios". Pero no creo que sea verdad en absoluto.

En nuestra propia fraternidad, tan pronto como se pronuncia la bendición y concluye el servicio, a cualquiera le costará escuchar al arcángel Gabriel aunque haga sonar su cuerno a unos pocos metros de nuestras cabezas. De repente, estamos en plena marcha con nuestros asuntos, nuestra charla, el ruido y la exuberancia humana.

Hermanos, el hecho de que podamos lidiar con el amor, la misericordia y la gracia de Dios con un silencio e indiferencia casi completos no es prueba de nuestra propia cultura, ¡sino una prueba de nuestro pecado! No es una prueba de que seamos bien educados, sino una evidencia de que estamos afligidos con la dureza del corazón. Nuestras actitudes con respecto a Dios y su amor pueden resultar en una victoria para el mal organizado y bien pueden ser un asombro para las criaturas no caídas. Pero eso no es todo.

Un gran dolor

Creo que nuestras actitudes deben causarle un gran dolor a Dios, mientras trata de llevarnos a la alabanza, el deleite y la devoción. Seguramente creo que es la naturaleza de Dios deleitarse con el entusiasmo y no me refiero a los aspectos extremos del fanatismo.

Me refiero al calor, el brillo y el disfrute de nuestro Señor cuando caminó con nosotros en esta tierra. Leo, estudio y estoy seguro de que el Señor Jesucristo tenía un cariño especial por los bebés, por los niños pequeños, y creo que sé por qué. Los pequeños siempre son vigorosos, animados, sencillos y espontáneos. Sus reacciones son inmediatas, sinceras y veraces. Hacen todo precisamente con sencillez, mostrando la respuesta inmediata de sus corazones jóvenes.

Jesús llamó a los niños, les impuso las manos y los bendijo, luego impartió una de las enseñanzas más recordadas por la humanidad cuando dijo: "Porque de los tales es el reino de Dios" (Marcos 10:14). Como resultado, los teólogos han estado considerando esa declaración con el deseo de saber qué significa.

La gente de corazón sencillo sabía que Jesús simplemente amaba a los niños puesto que eran inocentes, sinceros y puros. Por eso respondieron a él y a su amor sin detenerse a considerar ni medir las consecuencias. El niño no se preocupa nunca por usar una máscara, como suelen hacer los adultos cuando quieren que los demás crean que son algo más de lo que realmente son.

En su famosa obra sobre la vanidad humana, Wordsworth nos retrata cuando nacemos descendiendo de la mano de Dios arrastrando nubes de gloria. También muestra un poco de cielo arrastrándose alrededor del niño en crecimiento.

Luego, a medida que el muchacho se aleja cada vez más de casa, por triste y trágico que sea, la gloria se evapora hasta que al fin desaparece. Ese pedacito de cielo que alguna vez rodeó al recién nacido desaparece como el rocío ante el sol, hasta que ya no queda más gloria.

El muchacho se convierte en el hombre que se olvida de Dios. Su corazón se endurece. Es un hombre carnal, caído y abatido, por lo que la tierra se cierra completamente a su alrededor.

Este no es un caso excepcional; es muy probable que sea la regla. ¡Cuántos en nuestros días son conscientes de que existe esa dura costra que cubre nuestros corazones, nuestro ser y, sin embargo, no podemos enfrentarla y confesarla nunca!

Todos los que han llegado a los años de la adultez parecen haberse puesto a la defensiva. Incluso algunos de los que me conocen desde hace años, seguramente están a la defensiva: ¡están en guardia todo el tiempo!

Sé que usted no me tiene miedo pero está asustado, sin embargo, por lo que voy a decir. Es probable que todos los predicadores fieles de la actualidad se estén enfrentando a los maestros al desafiar a sus congregaciones. Ellos siempre están a la defensiva. El rechazo rápido siempre está listo.

Completamente desprevenidos

Es muy difícil para mí aceptar el hecho de que ahora es muy raro que alguien entre a la casa de Dios completamente desprevenido, con la cabeza inclinada y con una confesión silenciosa como la siguiente: "Querido Señor, estoy listo y dispuesto a escuchar lo que hablarás a mi corazón hoy".

Nos hemos vuelto tan eruditos, tan mundanos, tan sofisticados, tan indiferentes, tan aburridos y agobiados religiosamente que las nubes de gloria parecen haber desaparecido de nosotros.

El mero hecho de que deba hablar así es incriminatorio en sí mismo: incrimina que un versículo como este no debe traer una respuesta fresca e instantánea al pecho humano cuando se lee.

Dios envió a su Hijo al mundo. No lo envió a condenar. ¡Lo envió para que el mundo se salvara!

Vuelvo a preguntar: ¿cómo podemos considerar eso con tanta indiferencia?

Hermanos, ¿quién ha envenenado nuestra copa? ¿Qué malvadas alianzas hemos hecho?

¿Qué le ha estado haciendo el pecado a nuestro corazón?

¿Qué diablo ha estado trabajando en las cuerdas del arpa de nuestra alma?

¿Quién nos ha estado dando sedantes y alimentándonos con el brebaje de la apatía?

¿Qué nos ha sucedido para que podamos hablar sobre esto, cantar sobre esto e incluso predicar sobre esto, y aun así permanecer incólumes e indiferentes?

Wordsworth no era predicador, sin embargo planteó estas mismas preguntas sin respuesta en su día, cuando escribió con honestidad y con toda su alma: "Preferiría ser un gentil y creer en un antiguo credo pagano, parado en la orilla del océano e imaginando que podría oír al viejo Neptuno o al anciano Tritón tocar su cuerno, que ser un cristiano civilizado en cuyo interior todo ha muerto".

Vivimos en una época de tentaciones, en la que el mundo es demasiado para nosotros, nos abruma con una búsqueda interminable. Pero aun para nuestro tipo de mundo, incluso para la raza humana en su condición actual, no hay mensaje, esperanza, palabra de autoridad ni promesa que se pueda comparar con la proclamación del amor y el perdón de Dios.

Es probable que haya un tiempo, más allá en el glorioso mañana, en el que todo lo que conocemos hoy haya terminado —el pecado haya pasado, las sombras hayan sido expulsadas del sol y los ceños de los hombres ya no se arruguen—, en el que habrá otras proclamaciones más novedosas y grandiosas que el mismo Dios haga basadas en esta. Pero para nosotros, en nuestra condición actual, no hay otro anuncio tan grande como este.

Ahora, cuando la Palabra dice que Dios envió a su Hijo al mundo, no nos está hablando meramente del mundo geográfico. No solo nos indica que Dios envió a su Hijo al Cercano Oriente, que lo envió a Belén en Palestina.

Sin duda vino a Belén. Llegó a esa pequeña tierra que se encuentra entre los mares. Pero este mensaje no tiene ningún significado geográfico ni astronómico. No tiene nada que ver con kilómetros, distancias, continentes, montañas ni pueblos. Lo que eso realmente significa es que Dios envió a su Hijo a morar entre la raza humana. Cuando se refiere al mundo, no significa que Dios simplemente amaba nuestra geografía. No significa que Dios amaba tanto las montañas cubiertas de nieve ni los prados bañados por el sol ni los arroyos que fluyen ni los grandes picos norteños.

Dios puede amar todo eso. Y, en efecto, creo que lo hace. No se puede leer el Libro de Job ni el de los Salmos sin saber que Dios ama al mundo que hizo.

Él vino a la gente

Sin embargo, eso no es lo significativo de este pasaje. Dios envió a su Hijo a la raza humana. Vino a la gente. Esto es algo que nunca debemos olvidar: Jesucristo vino a buscar y salvar a la gente. No solo a ciertas personas favorecidas. No solo a cierto tipo de personas. No solo a la gente en general.

Los humanos tenemos una tendencia a usar términos genéricos tan intensa que muy pronto nos volvemos científicos en nuestra perspectiva. Dejemos ese punto de vista a un lado y confesemos que Dios nos amó a cada uno de nosotros de una manera especial, de modo que su Hijo entró en y para la gente del mundo, ¡e incluso llegó a ser una de esas personas!

Si usted pudiera imaginarse que es un personaje de fantasía, capaz de darle la vuelta al globo terráqueo en cuarenta parpadeos, piense en el tipo de personas que vería en ese trayecto. Vería lisiados, ciegos y leprosos. Vería gordos, delgados, altos y bajos. Vería lo sucio y lo limpio. Vería a algunos caminando con seguridad por las avenidas sin temor a la policía, pero también vería a los que se esconden en los callejones y se cuelan por las ventanas semiabiertas. Vería a los que están sanos y vería a otros retorciéndose, convulsionándose en las últimas agonías de la muerte. Vería a los ignorantes y analfabetos, así como a los reunidos bajo los olmos en alguna ciudad universitaria, alimentando sueños profundos de grandes poemas, obras de teatro o libros con los cuales asombrar y deleitar al mundo.

En definitiva ¡vería personas! Millones de ellas: individuos cuyos ojos se sesgan de manera diferente a los suyos y personas cuyo cabello no es como el de usted.

Personas cuyas costumbres no se parecen a las de usted ni remotamente, cuyos hábitos no son los mismos ni semejantes. No obstante, todos ellos son personas. El asunto es que todas esas diferencias que los distinguen son externas. Sin embargo, las similitudes que todos tienen están dentro de su naturaleza. Sus diferencias tienen que ver con costumbres y hábitos. Sus semejanzas tienen que ver con la naturaleza.

Hermanos amados, atesoremos esto: Dios envió a su Hijo para que estuviera con la gente. Él es el Salvador de las personas. Jesucristo vino a dar vida y esperanza a individuos como los que integran su familia y la mía; como los que nos rodean a diario.

El Salvador del mundo conoce el verdadero valor y el precio de cada alma viviente. Por eso no presta atención al estatus, honor ni clase social a la que pertenezca la persona. Nuestro Señor no tiene que ver nada con ese asunto del estatus del que todos hablan.

Cuando Jesús vino a este mundo, nunca le preguntó a nadie: "¿Cuál es tu coeficiente intelectual?". Nunca le preguntó a nadie si había recorrido el mundo o había viajado mucho o si al menos había ido a los límites de su ciudad. Demos gracias a Dios por haber enviado a Jesucristo y por haber venido a este mundo perdido. Ambas cosas son ciertas. No son contradictorias. ¡Dios lo envió como Salvador! y Cristo, el Hijo, ¡vino a buscar y a salvar lo que se había perdido! Vino porque fue enviado y porque su gran corazón lo urgió —lo obligó— a venir. Ahora bien, pensemos en la misión a la que el Hijo vino. ¿Sabe usted lo que he estado pensando sobre nuestra situación como personas, como individuos humanos?

Pensemos por un momento e imaginemos que volvemos a la condición del paganismo en la que muchos vivían. Imaginemos que no tenemos Biblia ni himnarios (o que no los usamos debido a la tecnología digital que cargamos encima) y que estos dos mil años de enseñanza y tradición cristianas nunca han existido. Estamos solos, hablando en términos humanos.

De repente, alguien llega con una proclamación: "Dios envía a su Hijo a la raza humana. ¡Él viene!".

¿Qué sería lo primero en lo que pensaríamos? ¿Qué nos dirían inmediatamente nuestros corazones y conciencias? Seguro que saldríamos corriendo hacia los árboles y las rocas y nos esconderíamos como Adán entre los árboles del huerto de Edén.

¿Cuál sería la misión lógica a la que Dios enviaría a su Hijo al mundo? Sabemos cuál es nuestra naturaleza y estamos conscientes de que Dios sabe todo acerca de nosotros y que está enviando a su Hijo a enfrentarnos.

¿Por qué vendría el Hijo de Dios a nuestra raza? Nuestros propios corazones, el pecado, las tinieblas, el engaño y la enfermedad moral, nos dicen cuál debería ser su misión. ¡El pecado que no podemos negar nos dice que podría haber venido a juzgar al mundo!

¿Por qué trajo el Espíritu Santo la proclamación y la palabra de Dios que dice: "Porque Dios no envió a su Hijo al mundo para condenar al mundo" (Juan 3:17)? Los hombres y las mujeres son condenados en su propio corazón porque saben que, si viene el Justo, es porque ellos deben ser sentenciados.

Sin embargo, Dios tenía un propósito mayor y mucho más misericordioso: lo envió para que los hombres pecadores pudieran ser salvos. La misión amorosa de nuestro Señor Jesucristo no fue condenar sino perdonar y regenerar.

¿Por qué vino a los hombres y no a los ángeles caídos? Bueno, ya he dicho esto antes en esta misma instancia, y podría tener razón, aunque muchos parecen pensar que porque otros no lo estén diciendo yo debo estar equivocado: creo que vino a los hombres y no a los ángeles porque el hombre —al principio— fue creado a imagen de Dios y los ángeles no. Creo que vino a la prole caída de Adán y no a los demonios caídos porque la descendencia fallida de Adán había tenido una vez la misma imagen de Dios.

Una decisión moralmente lógica

Por lo tanto, creo que fue una decisión moralmente lógica, que cuando Cristo se humanó en la carne y el cuerpo de hombre fue porque Dios había hecho al hombre a su imagen y semejanza.

Creo que, aun cuando el hombre estaba caído, perdido y camino al infierno, todavía tenía reminiscencias de una capacidad y un potencial que hicieron factible la encarnación, de forma que el Dios todopoderoso pudiera llevar a cabo su plan de convertir a la Segunda Persona de la Trinidad en un hombre que se integrara a la humanidad y anduviera entre los hombres. No había nada semejante entre los ángeles y las criaturas caídas; por eso, Cristo no vino a condenar, sino a renovar, restaurar y regenerar a esas criaturas caídas.

Por ello, hemos estado tratando de meditar en esta condescendencia de Dios en términos personales e individuales y lo que debería significar para cada uno de nosotros el hecho de ser amados por Dios de esta manera.

Es probable que escuche a alguien decir: "Pero Juan 3:16 no menciona la cruz. ¡Usted ha estado hablando del amor de Dios, pero no ha mencionado la cruz ni la muerte vicaria a favor de nosotros!". Permítame decirle que hay algunos que insisten e imaginan que cada vez que predicamos debemos abrir la boca y, en un gran párrafo, incluir toda la teología conocida hasta hoy.

El pasaje de Juan 3:16 no menciona la cruz y debo decir que Dios no es tan atrasado como los humanos. Él lo ha revelado todo, lo ha incluido todo y lo ha dicho todo en algún lugar de su sacro Libro, de modo que la cruz se destaca como una gran columna luminosa y resplandeciente en medio de las Escrituras.

Debemos recordar también que sin la cruz en la que murió el Salvador no podría haber Escrituras, ni revelación, ni mensaje redentor, ¡nada! Pero aquí nos dio una amorosa proclamación: envió a su Hijo; ¡Él dio a su Hijo! Luego, más tarde, se desarrolla que al dar a su Hijo, lo hizo para que muriera. Para que entregara su vida por nosotros.

He dicho que esta debe ser una palabra particular para cada hombre y cada mujer. Como un hijo pródigo en la más conmovedora de todas las historias, cada uno de nosotros debe enfrentar su propia necesidad particular, decidir y actuar como lo hizo el joven derrochador: "Muero de hambre. Tengo que volver a mi padre" (Lucas 15:17-18). Así que se levantó y fue a encontrarse con su padre.

Usted debe pensar en sí mismo, en su situación ¡porque Dios envió a su Hijo al mundo para salvarle! Por ello insisto en que debe tener algo de fe en usted mismo, aunque temo decirlo porque puedo levantar suspicacias entre los que están acechando mis palabras.

No le estoy pidiendo que tenga fe en usted mismo; solo insisto en que es correcto que demuestre su fe en usted, su fe en Cristo y en lo que él le ha prometido como individuo. Es decir, usted debe creer que es la persona a la que Cristo se refirió cuando dijo: "Ven a casa".

Creo que se refería a usted

Toda la fe que usted tiene en Dios no le servirá de nada a menos que esté dispuesto a creer que Cristo se refería a usted, a usted mismo, cuando dijo: "¡Tanto amó Dios al mundo que dio a su Hijo por usted!".

El hijo pródigo podría haber dicho, en términos generales: "Cuando uno tiene hambre y está a punto de morir, puede volver a la casa de su padre". Pero lo que él dijo fue: "Yo soy el que tiene hambre. Soy aquel para quien mi padre tiene una provisión completa. ¡Me levantaré e iré!".

Dios espera amorosamente que cada individuo acuda a él con una determinación y una decisión personal: "Me levantaré y me iré a casa para reclamar la provisión en la casa de mi Padre". Si toma esa decisión personal de fe en Jesucristo, con fe en el hecho de que Dios le ama y quiere perdonarle realmente, significará algo más para usted que lo que jamás haya conocido, algo hermoso y eterno.

Concluyo recordándoles también como individuos que la incredulidad siempre encuentra tres árboles tras los cuales vacilar y esconderse. Son los siguientes: Alguien más. Algún otro lugar. Otro momento. Escuchamos a alguien predicar un sermón de invitación sobre Juan 3:16 y, de hecho, corremos al jardín para escondernos detrás de esos árboles. "Por supuesto que es cierto", decimos, "pero eso apela a otra persona".

Si solo fuera en otro lugar o en otro momento, es posible que esté dispuesto a venir. No importa si usted entiende la gramática correcta o el tiempo verbal correcto: en lo que nuestro Señor se complace es en escuchar su confesión al decir: "¡Eso se refiere a mí, Señor! Yo soy la razón, la causa y el motivo por lo que viniste a la tierra a morir".

Esa es la fe particular y positiva en un Redentor personal, y eso es lo que le salva a usted. Le doy mi palabra de que, si se apresura a entrar allí, tal como usted es y con fe en Jesucristo, nuestro Señor tiene muy poca preocupación en cuanto a si usted conoce o no toda la teología del mundo.

CAPÍTULO 8

LA TAREA DIVINA

Vino un hombre llamado Juan. Dios lo envió
... para dar testimonio de la luz...

—JUAN 1:6-7

Confieso que a menudo me deleito volviendo a estudiar el mensaje y el ministerio de Juan el Bautista, puesto que el registro bíblico es muy claro en cuanto a que este individuo —Juan— fue un hombre enviado por Dios.

Al observar con detenimiento las Escrituras, creo que no erraríamos si afirmáramos que Juan el Bautista fue el más grande de todos los profetas. Nuestro Señor Jesucristo hizo una evaluación muy clara y reveladora acerca de la grandeza de este Juan en Lucas 7:28 (RVR1960): "Os digo que entre los nacidos de mujeres, no hay mayor profeta que Juan el Bautista; pero el más pequeño en el reino de Dios es mayor que él".

No puedo evitar hacerle una pregunta aquí: ¿Cómo supone usted que la iglesia cristiana, tal como la conocemos hoy, se inclinaría a tratar con Juan el Bautista si entrara en nuestro escenario?

Es probable que, en un caso así, nuestra generación piense que un hombre como él debería estar absolutamente orgulloso del hecho de que Dios lo haya enviado a una misión tan especial. Lo instaríamos a que escribiera algunos libros, hiciera un documental, posteara sus blogs, usara las redes sociales para darse a conocer, etc., etc., etc. Seguro que los líderes de las universidades y los seminarios, los pastores y hasta algunos políticos harían fila para invitarlo como conferencista a muchas actividades.

Sin embargo, en aquella lejana generación de la humanidad a la que el Hijo eterno de Dios se presentó a sí mismo como Salvador sufriente y Señor viviente, Juan el Bautista renunció con alegría, permitiendo que Jesús el Cristo lo desplazara por completo.

Este fue su ejemplo: en vez de insistir en ser reconocido como un hombre enviado por Dios, señaló a Jesús como la verdadera Luz y dijo con genuina humildad: "Yo no soy digno ni siquiera de desatarle la correa de las sandalias" (Juan 1:27).

Ese era Juan, el mismo que —cuando terminó su ministerio— acudió a Jesús. Fue entonces cuando Juan les dijo a todos los que quisieran escuchar: "¡Aquí tienen al Cordero de Dios!" (1:29). Juan hizo que todos los ojos se apartaran de él y se enfocaran en Jesús. ¿Y entonces? Juan el Bautista, simplemente, desapareció del escenario.

En realidad, Juan el Bautista no habría encajado en la escena religiosa contemporánea de nuestros días, ¡nunca! Era un tipo que no mantenía su traje planchado. Es más, no se medía para hablar. No tenía cuidado al elegir palabras que no ofendieran a otros. Algo me dice que Juan el Bautista no citaba ni siquiera los más hermosos pasajes de los poetas de su época.

Ajustarse a los tiempos

Algunos de los doctores en psiquiatría de nuestros días habrían celebrado una rápida reunión para asesorar a Juan el Bautista y decirle: "Juan, hemos estado observando tu forma de vivir, de hablar y de vestir. Juan, ¡debes ajustarte a los tiempos y a la sociedad!".

Deténgase aquí y reflexione en sí mismo. Si un médico le examinara y le dijera que necesita "ajustarse", ¿qué haría usted? En caso de que eso me ocurriera, simplemente agarraba mi sombrero y me iba. No soy una máquina y no necesito que nadie intente ajustarme.

Ajustar es una de las palabras modernas que más he llegado a detestar. Esa nunca fue una expresión que se usara para referirse a los seres humanos hasta que olvidamos que tenemos alma y comenzamos a pensar en nosotros mismos en términos materialistas. Luego, cuando elementos como John B. Watson empezaron a decir que, además de no tener alma, el hombre tampoco tiene mente, sino que en realidad piensa con el músculo intestinal, se nos explicó la necesidad de un ajuste personal. Desde entonces hemos tenido tipos raros con "destornilladores" mentales ajustando a las personas ocasionalmente.

Hermanos míos, Juan el Bautista no invitaba a nadie a ajustarse; simplemente predicaba el arrepentimiento. Juan el Bautista nunca instó a la gente a sentarse con él para participar en sesiones religiosas. El Bautista no temía predicar sobre el pecado, aunque estaba consciente de que la especulación religiosa es mala puesto que deja al pecado completamente intacto en la vida del pecador.

La especulación religiosa nunca se ocupa de los pecados propios, esos pequeños demonios —casi imperceptibles a los incrédulos— que devoran los órganos vitales de los seres humanos. Pecados como el amor propio, la justicia propia, la admiración por sí mismo, la autoestima y otros cien más que residen en el interior de cada ser humano.

Recuerdo haber escuchado acerca de un niño chino que estaba aprendiendo inglés; por supuesto, tenía problemas con ciertas palabras y frases. Cuando se le preguntó si podía cocinar huevos, respondió con orgullo en su inglés: "Puedo hacerlos revueltos o perturbados".

Bueno, a los efectos, el huevo revuelto es un huevo perturbado. Lo admitimos. Nuestro problema humano es que podemos hablar durante años de religión sin tener ninguna convicción ni perturbación interna. Nunca permitimos que Dios nos "revuelva", que se apodere de nuestros corazones y nos moleste por nuestro pecado. Nos resulta muy difícil quitar la tapa que llevamos encima y permitir que Dios vea lo profundo de nuestro ser.

Juan el Bautista proclamó un mensaje espiritual directo y predicó con el fin de que aprendiéramos a tomar decisiones y obtener resultados. Estoy seguro de que en ningún momento de su ministerio invitó a un grupo de investigadores a reunirse para una sesión de discusión sobre sus problemas.

Ahora bien, esto —por supuesto— me da la oportunidad de asumir una de esas posiciones radicales que se supone que siempre debo tomar.

Una religión basada en temas irrelevantes

Me preocupa mucho que el cristianismo se convierta en una religión caracterizada por los temas irrelevantes que tratan en los grupos de discusión tan populares hoy en el ambiente cristiano. El problema es que a las personas de nuestros días les encanta reunirse para discutir sobre religión, sobre liderazgo, sobre familia, sobre noviazgo y un largo etcétera, pero no para hablar del pecado, no para arrepentirse, no para considerar la salvación eterna.

Yo no le daría ni un dólar a ninguno de esos grupos que se reúnen para discutir temas diversos durante el año. Porque, entre paréntesis, cualquier actividad que promueva la iglesia implica un costo monetario que deben pagar los asistentes al evento. En cada una de esas sesiones, usted tiene un moderador que quiere saber lo que todos están pensando; sin embargo, todos aportan ideas, comentan sobre ellas y, cuando es hora de terminar, descubren que no han llegado a una conclusión fructífera ni a nada que se le parezca, simplemente pasaron el tiempo jugando a la teología. Se han pasado el tiempo hablando y dando opiniones de una y otra cosa, pero no han llegado al corazón de los presentes.

En mi opinión —y lo digo con absoluta sinceridad—, cinco minutos de rodillas con Dios lo acercarán más al Señor y a la verdad que todas las actividades sin sentido que ofrece la iglesia de hoy. Cuanto más nos alejamos de la cruz y más nos alejamos del arrepentimiento, más corremos a los grupos que ofrecen temas irrelevantes y soluciones poco convincentes.

Creo que el Señor ha de perdonarme, porque yo mismo he participado en algunos de esos eventos. ¡Quiero testificar e informar, sin embargo, que ninguno de los asistentes obtuvo nada de provecho! Espero que lo tome por lo que vale. Si alguien le pide que le hable de religión, le recomiendo que le diga: "¡Oremos!".

Sé que cuando la gente solía acudir al doctor A. B. Simpson y le preguntaba: "Dr. Simpson, ¿qué quiere decir con esta o aquella enseñanza?", a menudo respondía: "Inclinemos nuestros rostros. Vamos a orar juntos". Eso usualmente terminaba la conversación porque usted no puede discutir muy bien con un anciano piadoso que está derramando su corazón delante de Dios en presencia de usted.

¡Oh!, hermanos, cuánto podríamos aprender de la vida y el ministerio de Juan el Bautista si estuviéramos dispuestos a ser perturbados, a que Dios pusiera el ardor por las cosas espirituales en nuestros corazones.

Es cierto que la grandeza de este hombre, Juan, no residía en sí mismo ni en sus propias capacidades. Su grandeza radicaba en el alto cargo y en el valioso privilegio como hombre realmente enviado por Dios. La gestión de Juan era más grande que él mismo, debido a lo que Dios estaba haciendo en la plenitud de los tiempos. Por otro lado, la gestión de Elías también era más grande que él porque —en realidad— no tenía ningún puesto. Aunque parezca contradictorio, no es difícil ser más grande que un puesto que no es de uno.

Es probable que piense que tanto usted como yo estamos confundidos en este punto, pero creo que quedará claro a medida que avancemos. El registro bíblico nos dice que Abraham vio el día de nuestro Señor y se alegró. Pero Juan el Bautista realmente vivió ese día de nuestro Señor y eso lo hizo mayor que Abraham.

David tocaba su arpa y cantaba acerca de la venida de Uno que sería herido y traspasado, pero que se levantaría y cantaría entre sus hermanos. Pero Juan el Bautista estaba presente cuando ese Uno vino desde el cielo. El Bautista lo vio y lo conoció.

Isaías profetizó de Uno que vendría, nacido de una virgen; Uno que debía comer mantequilla y miel, y debía crecer como una raíz en la tierra seca. Pero Juan el Bautista lo reconoció, lo tocó y lo bautizó. Su privilegio fue mayor.

Razones por las que Juan era más grande

Malaquías dijo que el Mesías vendría repentinamente a su templo y que actuaría como un purificador de plata, pero el que —en realidad— estuvo en ese templo fue Juan el Bautista. Así que podemos interpretar la visión de Malaquías en cuanto al que había de venir como una referencia a Cristo en su Segunda Venida, sin embargo, ese mismo purificador de plata estaba con Juan, que lo vio y lo reconoció y, en cierto sentido, inauguró su ministerio terrenal.

Hay buenas razones por las que digo que el privilegio de Juan fue mayor que el de cualquiera de los demás siervos de Dios. La primera se basa en el hecho de que Juan fue en verdad un hombre enviado por Dios. Los escritores Mateo y Marcos hablan de Juan el Bautista, pero no nos dan ningún pedigrí. Lucas escribe sobre él, nos cuenta su historia familiar, relata quiénes fueron sus padres y lo maravilloso de su nacimiento.

Sin embargo, Juan —el apóstol que escribe— sigue avanzando, elevándose más alto como siempre parece hacerlo, penetrando hasta la grandeza esencial del Bautista como hombre enviado por Dios. El evangelista tenía especial discernimiento y penetración visual. Otros podrían decir de Juan el Bautista que era el más grande, que era el más sabio, que era el más fuerte o que era el más elocuente. Pero el apóstol Juan testifica que la grandeza de Juan el Bautista residía en que ¡era un hombre enviado por Dios!

En esto, digo, el evangelista tomó nota de la verdadera marca de excelencia, porque Juan el Bautista no podría haber tenido un honor más alto. Para Juan no solo era un honor indescriptiblemente sublime, sino que además constituía un valioso tesoro para el mundo.

¿Sabe usted que nunca he terminado de hablarle en cuanto a usar la mente que Dios le ha dado? ¿Alguna vez se escapó solo para pensar y meditar en algunas de las maravillas de Dios?

Cuando estoy en un tren o esperándolo en una estación, observo que muchas personas pasan su tiempo libre haciendo crucigramas. Muchos de ellos parecen sumamente inteligentes, pero dudo que lo sean; a juzgar por lo que están haciendo con su tiempo.

Ahora bien, no quiero que se enoje conmigo. Si realmente le gustan los crucigramas, supongo que es bueno para usted. Supongo que también es bueno si le gusta chuparse el dedo. Mi punto es que hay algo que podemos hacer con nuestro tiempo y con nuestra mente que es mucho mejor que resolver crucigramas.

Recomiendo como ejercicio mental que trate de pensar cómo sería el mundo hoy si Juan el Bautista nunca hubiera vivido ni ministrado. Luego continúe y trate de pensar cómo sería el mundo si el Señor Jesús nunca hubiera venido a morar entre nosotros. Piense en lo que sería el mundo hoy si no existiera la iglesia de Cristo.

Medite en lo que esos hombres de Dios hicieron en este mundo y luego intente reconstruir el mundo sin ellos. Le aseguro que será un ejercicio histórico e importante con valores espirituales superiores —infinitamente— a cualquier rompecabezas que pueda desear terminar. Lo que estoy diciendo es que la venida de Juan el Bautista, el envío de ese hombre por parte de Dios, fue una bendición inestimable, un tesoro indescriptible para el mundo.

Oh, Dios envía esos hombres, que honren al mundo mientras cumplen su misión, pero que también brinden un ejemplo y una lección espiritual para todos los seres humanos. Yo creo que eso es posible; siempre lo he creído.

No se puede negar que la vida y la vitalidad de la iglesia cristiana reside en el liderazgo espiritual de hombres ungidos por el Espíritu Santo. Me atrevo a decirle que corremos peligro con tanta democracia en la vida de la iglesia. Estoy seguro de que alguno de ustedes, con fuertes antecedentes denominacionales, se acurrucará —como una hoja entre las llamas en el otoño— para escucharme decir esto, lo cual está bien: ¡yo mismo soy medio denominacional!

Sin embargo, no creo que Dios espere que la iglesia cristiana prospere, madure y crezca basándose solamente en principios democráticos. Si observa a su alrededor, encontrará que incluso aquellos que mantienen la democracia en la política de su iglesia nunca pasan de la primera base, a menos que tengan líderes dentro de la denominación que sean hombres ungidos, fuertemente espirituales en el liderazgo.

Veamos, a continuación, algunos de los hombres enviados por Dios con una misión especial. Hubo uno cuyo nombre era Noé. Este era un hombre justo. Noé construyó un arca —siguiendo las instrucciones de Dios— y se salvó junto con su esposa y ocho personas, salvando a la raza humana de la extinción.

Había otro hombre enviado por Dios, este se llamaba Abraham. Procedía de Ur de los Caldeos, sin seguir nada más que la luz de su propio corazón y la visión tenue del Dios vivo. Abraham se convirtió en el fundador de la nación judía.

Hubo otro enviado por Dios llamado Moisés, que llevó a una nación perdida en la oscuridad y la esclavitud —en Egipto— a través de una marcha milagrosa por el Mar Rojo y el desierto, a la cual guio, cuidó, atendió y defendió durante cuarenta años.

Cuando Moisés murió, Dios envió a un joven cuyo nombre era Josué, que reunió a la nación como la gallina junta a sus polluelos y estableció a Israel en la tierra que Dios había prometido a Abraham, Isaac y Jacob.

Hubo otro joven, también enviado por Dios, que se llamaba David y que tocaba las cuerdas del arpa con tal maestría y dulzura que ahuyentaba a los demonios que azotaban al rey Saúl. Este hombre "conforme al corazón de Dios", dirigió a la nación judía a victorias colosales; además de que compuso un tesoro de recursos literarios y musicales para la adoración a Dios que ha trascendido las edades hasta el presente.

Cuando el velo del templo se rasgó y el Espíritu Santo descendió, esas mismas cuerdas del arpa de David se ensartaron en la iglesia a través de los siglos; de modo que hoy —en nuestras congregaciones— no podemos cantar sin que David nos acompañe. En un sentido muy cierto, el hombre enviado por Dios cuyo nombre era David enseñó al mundo a cantar, por lo que hemos estado cantando las composiciones del Salmista desde entonces.

Ah, hubo otro hombre enviado por Dios cuyo nombre era Pablo y otro que se llamaba Pedro. Posteriormente, muchos siglos después, cuando la iglesia había sido enterrada bajo los escombros y asentamientos del polvo del romanismo, hubo un hombre enviado por Dios que se llamaba Martín Lutero, personaje indómito, audaz, que no temía a nadie. Lutero rescató la Biblia y la tradujo al alemán, con la sonoridad y armonía de ese idioma.

Hubo otro, también enviado por Dios, cuyo nombre era A. B. Simpson al que se le unió otro llamado Jaffray, los cuales se combinaron para orar y llevar el evangelio a grandes sectores no alcanzados de nuestro mundo en la generación pasada. Siga la línea: tome cualquier lista que le guste y dondequiera que los hombres hayan hecho grandes cosas para Dios; todos ellos han sido hombres que fueron enviados por Dios.

Honores seculares

La sociedad de nuestros días se distingue por los actos de reconocimiento que se hacen para honrar a muchos hombres y mujeres debido a las cosas nobles que hacen en favor de la comunidad local y global.

No hay duda de que Winston Churchill jugó un papel muy importante en cuanto a hacer retroceder al despiadado Adolfo Hitler y sus hordas en su gran conflicto bélico, y salvar al mundo occidental —probablemente— de la extinción. Como resultado, se le concedió el título honorífico de Sir Winston Churchill por el resto de su vida. Churchill tuvo una misión importante, pero no creo que nadie sugiriera jamás que Sir Winston fuera enviado por Dios.

Evoco a otro gran inglés, y creo que se podría decir de él que fue un hombre enviado por Dios, cuyo nombre era John Wesley. Cuando todos los registros de la historia estén escritos y el ángel de Dios los haya calificado y aprobado, estoy seguro de que el hombre enviado por Dios —cuyo nombre era Wesley— ocupará un lugar superior al del político que fue enviado por el gobierno de Gran Bretaña, aunque fue un gran estadista.

Espero que nuestros jóvenes nunca olviden la verdadera estima de los honores y sus valores. Joven amado, el presidente de los Estados Unidos podría llamarlo a Washington, comisionarlo como embajador de su país y enviarlo a misiones importantes en otras naciones, pero lo más grande que se le puede comisionar, empoderar o delegar a alguien es que sea enviado por Dios a tratar los asuntos de él y para su gloria.

Ningún rey ni presidente tiene la autoridad y el poder suficiente para otorgar el mayor de los honores: ¡ser poseído, honrado y enviado por Dios! A usted, joven, con su energía, entusiasmo y potencial, le suplico: haga bien su servicio, su tarea, su asignación, modere sus aspiraciones y tenga mucho cuidado antes de elegir a alguien como su ejemplo de vida.

El Dios todopoderoso ha querido que naveguemos alto y lejos con las motivaciones más puras, por lo que nos conformamos con cosas menores en cuanto a lo material. Qué triste que nosotros, que contamos con una especie de impulso celestial —apuntando a las estrellas y los planetas—, prostituyamos nuestras ambiciones de tal manera que nos quedemos atrapados en las trampas de este mundo corrupto. ¡Recuerde que los honores que Dios da son eternos e inmarcesibles!

Por qué honraron Juan

Déjeme darle algunas razones por las que creo que Dios pudo honrar a Juan el Bautista en esa edad en la que vivió. En primer lugar, Juan tenía la habilidad de vivir y meditar en medio de la soledad. Sabía el significado del aplomo, tanto que podría haber escrito el famoso poema titulado "Serenidad". Estuvo en el desierto hasta el momento en que se manifestó a Israel como profeta. Salió de su aislamiento para romper el silencio como un tambor o como un sonido de trompeta. Reunida la multitud, todos se amontonaron para escuchar a ese hombre que había estado con Dios y que había venido de Dios.

En nuestros días, en realidad, no podemos estar lo suficientemente tranquilos y serenos como para esperar en Dios. Alguien tiene que estar hablando. Alguien tiene que estar haciendo ruido. Pero Juan se había adentrado en el silencio y había madurado en una especie de escuela especial con Dios, las estrellas, el viento y la arena.

Creo que es realmente cierto que cuanta más comprensión tenemos en nuestro propio ser, menos necesidad tenemos de las personas que nos rodean. Si usted no tiene nada adentro, debe compensar su vacío interior rodeándose de otros ruidos. Mucha gente vive así. Nunca han practicado el arte de la quietud, de la santa soledad.

Es probable que Juan el Bautista no tuviera buenos modales y que desconociera todas las sutilezas sociales, pero se había encontrado con Dios en el silencio. No creo que sea exagerado decir que la mayoría de las veces escucharemos a Dios en esos momentos en que estamos en silencio.

La acción abrasiva de la sociedad ha minimizado el carácter de muchos hombres y lo ha reducido a algo como una moneda de diez centavos, más delgada y brillante entre todas las monedas del mundo; brillante por el uso y el roce constantes. Ha perdido toda su forma, su diseño. Ha perdido todas las características que le identifican.

A mí no me impresiona el ganador de almas activo y frenético que tiene que salir donde está la acción y "¡hacer algunos contactos para Jesús!".

Hermano, quédese a solas con Cristo por un tiempo; deje que sus dos rodillas hagan contacto con el suelo y no tenga miedo ni vergüenza de quedarse allí un rato. Juan el Bautista pudo ser enviado por Dios; su entrenamiento se desarrollaba en algún lugar de la tranquila presencia de su Dios.

Juan tenía un segundo atributo con el que fue bendecido por Dios y fue su sencillez. Estaba satisfecho de ser sencillo en el vestir y en la dieta. Era sencillo en su fe en Dios. No trataba de impresionar a nadie. Cierto amigo me contó acerca de una reunión de religiosos en la que uno de los presentes se levantó y dijo: "¡Lo que esta denominación necesita hacer es salir y empezar a dar a conocer nuestra labor!".

¡Ah, presumir de nosotros mismos! Tan pronto como tengamos tales ideas en nuestras relaciones con Dios, él se lavará las manos y saldrá de allí. Solo puedo escucharlo decir: "Ese grupo de fanfarrones. ¡No tengo nada que ver con ellos!". Bueno, Juan el Bautista —por otro lado— fue enviado por Dios y no pasó su tiempo alardeando. Simplemente caminó haciendo la voluntad de Dios.

Otra cosa que poseía Juan el Bautista era el tipo correcto de visión, un verdadero discernimiento espiritual. Podía ver las cosas tal como eran.

El Espíritu Santo vino como una paloma, descendió como ave, posó sobre Jesús y desapareció en el corazón del Hijo de Dios. Me pregunto, entre todas esas multitudes que vieron venir al Espíritu Santo ¿por qué fue Juan el que pudo captar el significado de aquella maravillosa aparición?

En lo particular, no creo que nadie más que Juan el Bautista haya tenido la visión necesaria para ver eso. ¿Sabe usted que no estoy hablando de magia? Me refiero a una revelación divina por una causa y una razón específica. Juan dijo: "Yo mismo no lo conocía, pero el que me envió a bautizar con agua me dijo: Aquel sobre quien veas que el Espíritu desciende y permanece es el que bautiza con el Espíritu Santo" (Juan 1:33).

Juan el Bautista era un hombre de visión, es más, era el único que la tenía en medio de todos aquellos hombres. Conocía las sazones de su época, la turbulencia de los tiempos y las tendencias de la religión, todo lo cual era nulo para él.

La valentía de Juan

Ahora, un pensamiento más: se trata de la valentía. Juan la tenía; lo confirmó cuando se paró ante los líderes religiosos de su época y les dijo: "Generación de víboras" (Lucas 3:7).

Sin poesía, hermano. Sin acuerdos religiosos. Sin ecumenismo oportuno.

Cuando conozco a algunos de los cristianos de nuestros días, que aparentemente carecen del valor para enfrentar al verdadero enemigo, llego a la conclusión de que no muchos de nosotros seremos "enviados por Dios". No tenemos el coraje ni la valentía de diferenciarnos de los demás. No tenemos el valor de arriesgarnos a perder algo, por amor a Jesús.

¿Qué clase de cristianos y de predicadores somos en estos tiempos? Tememos perder nuestra reputación. Tenemos miedo a perder la estima pública y que seamos criticados. Tememos perder nuestra influencia o nuestro "liderazgo". Perder a nuestros amigos.

Permítame darle algunos consejos sobre el valor espiritual. Dios nos ha llamado a ser sus ovejas. Sin embargo, hay excepciones a todas las reglas, y la figura de las ovejas simplemente no se sostiene cuando se trata de profetas, soldados y guerreros en un día de decadencia y pecado.

Por lo tanto, no me sorprende en lo absoluto cuando Dios a veces amarra el escudo y el broquel a una de sus ovejas y la pone de pie sobre sus dos patas traseras, con el objeto de efectuar el milagro de convertirla en un león rugiente. Así es como Dios se convierte en Juan el Bautista, Martín Lutero o Charles Finney.

Bueno, hermanos, Juan el Bautista no quería nada para sí mismo. Solo quería vivir para glorificar a su Dios. Admitió que él no era el novio: "Solo estar presente y escuchar la voz del novio es todo lo que quiero". No necesito recordarles que el Dios de Juan sigue siendo el Dios de este tiempo. Nada ha cambiado, él sigue buscando hombres y mujeres en los que pueda encontrar esas características que marcaron a Juan el Bautista.

Eso no significa que debamos volver al bosque a comer langostas y miel silvestre, ni que no nos eduquemos. Eso sería una gran tontería.

Sin embargo, es en nuestro corazón y en nuestro ser donde Dios busca y mira. Es la vida de nuestro corazón espiritual la que debe ser sencilla. Es en nuestro corazón que debemos meditar y guardar silencio. Es en lo profundo de nuestro ser que debemos ser valientes y estar atentos a la instrucción de Dios.

Si alguna vez hubo una época en la que la iglesia necesitó hombres valientes de visión profética, es ahora. ¿Predicadores y pastores? Pueden producirse en nuestras escuelas como automóviles en una línea de montaje.

Pero ¿los profetas? ¿Dónde están?

Los hombres sencillos, humildes y valientes que están dispuestos a servir y esperar en Dios en medio de la soledad y el silencio, que esperan escuchar lo que Dios dice antes de ir a contárselo al mundo, esos no se consiguen con demasiada frecuencia. Pero cuando aparecen, solo buscan glorificar a su Dios y a su Cristo.

CAPÍTULO 9

LA ESENCIA DE LA FE

Respondió Nicodemo y le dijo:
¿Cómo puede hacerse esto?

—Juan 3:9 RVR60

Tenemos todas las indicaciones en las Escrituras de que el relato de Nicodemo buscando a nuestro Señor Jesucristo antes de su muerte y resurrección es de gran importancia en el ámbito de la fe cristiana.

De los miles de millones de personas que han vivido en el mundo, de los millones de judíos que han vivido en el orbe y de las decenas de miles que formaban parte de la tradición de los fariseos, el Espíritu Santo ha considerado oportuno que un haz de luz penetrante caiga sobre la cabeza de un hombre: Nicodemo, el fariseo de Israel.

Es así que hemos llegado a comprender que el Espíritu Santo de Dios es rígidamente económico en el uso de palabras en la revelación divina. A través de Juan, el Espíritu Santo ha dedicado un total de veintiún versículos a esta historia de Nicodemo visitando a Jesús; aprendemos lo que le él le dijo a Cristo y lo que Cristo le dijo a él.

Eso, sin otra consideración, nos llevaría a creer que esta es una historia de gran importancia. Si no fuera significativa, Dios nunca habría registrado el hecho. Por lo tanto, queremos abordar el tema con respeto, reverencia y una mente inquisitiva.

Consideremos a este hombre Nicodemo dentro del contexto de su propio día y tiempo. Se trataba de un fariseo. Un miembro de la secta más estricta de la vida religiosa de Israel. Fue un fundamentalista por excelencia, siguiendo al judaísmo en sus interpretaciones más estrictas, directas y apegadas a la letra de la ley.

Además, nos enteramos de que Nicodemo era un gobernante en Israel, en calidad de uno de los setenta miembros del poderoso Sanedrín, un tribunal no del todo equivalente a nuestro Tribunal Supremo de Justicia, pero muy parecido, con cierta autoridad ejecutiva y judicial. Los miembros del Sanedrín pertenecían a las familias privilegiadas de Israel. El sumo sacerdote era el presidente. Los ex sumos sacerdotes que aún vivían eran miembros. Algunos ancianos y asesores legales eran miembros, junto con poderosos escribas de la época. También es interesante notar que los miembros del Sanedrín podían ser fariseos o saduceos, lo que coincide en cierto sentido con el hecho de que los jueces de la Corte Suprema de nuestros días pueden ser de cualquier partido político.

El registro bíblico nos dice claramente que solo uno de los setenta miembros del Sanedrín en ese momento se molestó en buscar una entrevista con Jesús de Nazaret, y ese fue Nicodemo. Este hombre cruzó el gran abismo que los separaba en aquella época.

¿Acaso nos dice algo esto acerca de la esencia de la fe?

Nicodemo acudió a Jesús de noche, evidentemente tanteando el camino. Es probable que supiera lo que podía costarle mostrar un interés serio en la persona y el ministerio de este Jesús de Nazaret.

Él sabía que los discípulos de Jesús lo habían abandonado todo, habían dejado todo atrás. La fe que tenían en su causa no la obtuvieron gratuitamente, sin que les costara algo a cada uno de ellos.

"¡No te costará nada!".

En nuestros días, existe la tendencia —entre los entusiastas promotores cristianos— a enseñar que la esencia de la fe es esta: "Ven a Jesús, ¡no te costará nada! Todo el precio ha sido pagado, ¡no te costará nada!".

Hermanos amados, esa es una verdad a medias y peligrosa. Siempre hay un precio relacionado con la salvación y el discipulado. Pero algunos dirán: "¿No es eso lo que enseñan los misioneros en todo el mundo? No dicen: '¡Ven a él! Todo es gratis. Jesús lo pagó todo'?". La gracia de Dios es gratuita, de eso no hay duda. Nadie en el ancho mundo puede hacer ningún pago humano por el precio de la salvación o el perdón de pecados.

Sin embargo, conozco a los misioneros lo suficientemente bien como para saber que nunca irían a la gente en ningún lugar del mundo a enseñarle simplemente: "No tienes que hacer nada. Tu fe en Jesucristo nunca te costará nada".

He estado recibiendo una revista por correo; alguien me la envía en un envoltorio sencillo sin remitente. Ojalá dejara de enviarla. El hombre que edita esta publicación también predica en la radio y la filosofía que difunde es la siguiente: "Todo el mundo tiene fe. Todo lo que tienes que hacer es soltar tu fe en la dirección correcta. ¡Dirígela hacia Cristo y todo estará arreglado!".

Ahora bien, ese es verdaderamente un concepto erróneo de lo que dice la Biblia acerca del hombre, sobre Dios y acerca de la fe. Es un concepto erróneo fomentado por el mismo diablo.

El apóstol Pablo les dijo a los creyentes clara y llanamente que "no todos tienen fe".

De hecho, la fe es una planta rara. Es más, no es una planta que crece en todas partes. No es una planta común a todos los lugares. La fe es una planta extraña y maravillosa que vive y crece solo en el alma penitente.

La enseñanza de que todo el mundo tiene fe y que todo lo que usted tiene que hacer es usarla es simplemente una modalidad de humanismo disfrazado de cristianismo. Le advierto que cualquier fe que sea de todos es una fe humanista y no es la fe la que salva. No es esa fe que Dios regala a los corazones quebrantados.

Creo que debe ser evidente para nosotros que Nicodemo, como gobernante de Israel, sabía lo que le podría costar preguntarle a Jesús acerca de las cosas de la fe, del plan de Dios y de la vida eterna. Lo que Nicodemo estaba haciendo era tantear su camino.

Lo que dicen los eruditos

Comparto con usted algunas de las investigaciones y especulaciones que los estudiosos y escritores nos han dado sobre esos años en la historia que siguieron a la muerte y resurrección de Cristo. Debe comprender que aun cuando hay un signo de interrogación después de estas especulaciones históricas, debemos saber lo que sugieren los estudiosos.

Algunos eruditos creen que este Nicodemo era Nicodemo Ben Gurion, hermano del célebre historiador judío Flavio Josefo. Se decía que este Nicodemo era uno de los tres hombres más ricos de Jerusalén en aquel momento.

Ya sea historia o leyenda, el relato transmitido a lo largo de los siglos nos dice que la hija de Nicodemo Ben Gurion se vio forzada a recoger maíz y grano en las calles de Jerusalén, el cual era arrojado de las bolsas de alimento para los caballos, mientras deambulaba. Ella recogía lo que podía para asarlo y comer algo. ¿Por qué la hija de uno de los hombres más ricos de Jerusalén fue reducida a tal estado de hambruna?

Los historiadores sugieren al menos que cuando Nicodemo finalmente se unió a Jesús el Cristo, la sociedad gobernante lo despojó de todo lo que tenía. Le confiscaron sus bienes y lo sacaron como si fuera la escoria de la tierra. Es bastante claro que Nicodemo acudió a Jesús de noche, y eso generó una gran cantidad de abusos en su contra a lo largo de los siglos. Pero llegó tanteando el camino. Vino preguntando. Haciendo preguntas. Desde nuestra ventajosa posición en el tiempo, creemos que él era espiritualmente sensible y que buscaba respuestas sobre las cosas de Dios que él no conocía.

Permítame decirle lo que me sugiere su visita a Jesús. Esa circunstancia sugiere que el alma del hombre es un universo concebido con demasiada nobleza y de nacimiento demasiado elevado, demasiado poderoso y misterioso como para satisfacerse con algo menos que Cristo, el Hijo eterno de Dios.

El hecho de que acudiera a Jesús sugiere que solo Jesucristo es suficiente; solo en Jesucristo hay respuestas adecuadas a las preguntas que los hombres siempre han hecho sobre Dios, la eternidad, la vida, el perdón y la bendición.

Puedo afirmar y asegurarle sin ninguna vergüenza que no importa quién sea usted, ya sea ahora o más tarde en su vida o en la muerte o en el mundo venidero, encontrará que solo Jesucristo es suficiente.

Ahora bien, hasta donde sabemos, del total de setenta gobernantes en el Sanedrín en el momento al que nos referimos, solo uno de ellos cruzó el límite y acudió a Jesús haciendo preguntas sobre la vida eterna y el reino de Dios.

¿Por qué fue Nicodemo el que hizo eso? Él estaba separado de Jesucristo por el mismo abismo de tradición y práctica religiosa que separaba a los otros sesenta y nueve gobernantes de Israel.

Nicodemo ocupaba una posición alta en el gobierno y Jesús era un simple carpintero común y corriente convertido en maestro.

Por su propia naturaleza, los hombres del Sanedrín se especializaban en el fanatismo religioso, mientras que Jesús seguramente era todo menos fanático. La filosofía religiosa de Cristo era tan amplia como toda Palestina y a eso se le podría agregar también el Mediterráneo. Además del orgullo de la alta posición, Nicodemo habría heredado el agudo prejuicio que sentiría todo miembro judío educado del Sanedrín gobernante por los carpinteros humildes y los pescadores sin educación.

¿Por qué Nicodemo buscaría cruzar ese abismo a sabiendas de las posibles consecuencias?

¿Qué poder misterioso pudo captar la mente y la conciencia del hombre Nicodemo que ninguno de los otros sesenta y nueve ni se enteraron? ¿Sería posible que, como hombre, simplemente fuera más sensible a la voz de Dios y a los esfuerzos internos de Dios en su ser?

Me ha oído hablar muy a menudo sobre la gracia previenien-te de Dios, esa obra misteriosa y secreta de Dios en las almas de los hombres; obra que los hace volver a él, influyendo en ellos y atrayéndolos magnéticamente hacia él. Seguramente es verdad que, si no fuera por la obra previeniente que Dios hace en el corazón de hombres y mujeres, nunca podría haber una conversión. Así que me pregunto si este hombre, Nicodemo, fue simplemente más sensible a esa operación divina que los otros sesenta y nueve.

Oh, ¿cree usted que Dios eligió a Nicodemo, lo seleccionó únicamente a él y dejó ir a los otros sesenta y nueve? Nadie, ni siquiera en mil años de leer y releer la Biblia, podría hacerme creer que Dios mostró algo parecido a la parcialidad. El cora-zón de Dios que anhelaba a Nicodemo también anhelaba al resto de los hombres del Sanedrín.

Sensibilidad a la voz de Dios

Nicodemo, sin embargo, fue el único que se acercó a Jesús; y creo que fue porque era más sensible a la voz de Dios y al Espíritu Santo. Tenemos las mismas condiciones en nuestras iglesias hoy. Estoy hablando con algunos de ustedes en este momento que han sido criados en hogares cristianos. Usted, por ejemplo, se crio en la escuela dominical. Guardó su primer diente de leche en la parte trasera de un himnario cuando su madre no estaba mirándole.

Aun así, hasta el día de hoy, no está bien con Dios. Algunos de ustedes han hecho una especie de profesión de fe a medias, pero nunca han podido deleitarse en el Señor. La razón es que usted carece de sensibilidad a la voz de Dios, por lo que no podría importarle mucho la voluntad de Dios. Si la voz y la preocupación del Espíritu de Dios no mueven algo dentro de su espíritu todos los días, no va a ser muy cristiano, ¡si es que lo es en verdad!

Creo que Nicodemo tenía una sensibilidad en su propio espíritu que le hacía moverse, actuar e indagar. Pienso que debe haber sido más receptivo a los impulsos espirituales que el resto de los líderes judíos de su época. Considere a este hombre, aunque era un fariseo estricto —miembro del Sanedrín—, podríamos decir que maldito con el orgullo de la alta posición que ocupaba, el prejuicio religioso que ostentaba y la intolerancia latente, con todo y eso revelaba cierta receptividad a los impulsos espirituales.

Hermanos míos, no temo decirles que quiero mantener viva esa clase de receptividad espiritual en mi propia alma. Preferiría perder una pierna y andar cojeando por el resto de mi vida que perder mi sensibilidad a Dios, a su voz y a las cosas espirituales. ¡Oh, quiero mantener eso dentro de mí, dentro de mi alma! Creo algo más acerca de este hombre Nicodemo: debe haber poseído una humildad elemental que otros no tenían. Le advierto que hay muchas personas entre nosotros que nunca van a estar bien con Dios y la razón es que —simplemente— no se humillarán, ¡nunca lo harán!

Algunos ni siquiera pueden humillarse lo suficiente como para ir a la iglesia donde la predicación es clara y el evangelio estrecho. Sabemos de eso aquí, en esta iglesia en particular (¿la suya no?). Tenemos una buena reputación: pagamos nuestras facturas a tiempo y ayudamos a las personas que lo necesitan y hay muchos que no van a la cárcel por esta iglesia.

Pero a pesar de eso, muchos en el exterior piensan que somos excéntricos, un poco fuera de foco, demasiado dogmáticos en lo que respecta a las cosas de Dios. ¿Sabe usted?, se necesita un poco de humildad para compartir su suerte con personas que son lo suficientemente serias con respecto a las prioridades espirituales como para que los de afuera sientan que debemos necesitar ayuda psiquiátrica.

Bueno, le recuerdo que nuestro Señor Jesús tenía esa clase de multitud a su alrededor todo el tiempo. Se le consideraba un tipo de hombre muy extraño en su época, por lo que también se pensaba que aquellos que lo dejaron todo para seguirlo eran aun más extraños.

Creo que Nicodemo debe haber tenido un sentido de gracia y humildad para que se atreviera a acudir a Jesús.

El orgullo humano

En realidad, el orgullo es una característica asombrosa en la humanidad; no solo en la época de Jesús, sino también en la nuestra. Por ejemplo, escuché un noticiero en el que uno de los más altos funcionarios de India estaba tratando de disculparse con el mundo por un informe internacional acerca de que los misioneros cristianos estaban siendo perturbados en su trabajo en esa nación.

"Quiero que sepan que ese informe no es cierto", dijo. "No estamos obstaculizando la propagación de la doctrina cristiana en India. De hecho, entendemos que en realidad ha habido algunas personas de castas inferiores que han creído en la enseñanza cristiana".

Ah, que creciente orgullo debe haber estado en la voz de ese funcionario cuando hizo tal declaración. Los indefensos y los desesperados de la casta más baja de su país; no se interpondrían en su camino si querían creer en Jesucristo. La intolerancia del orgullo humano, la encontrará en todas partes del mundo. ¡Se deleita con casi cualquier cosa que lo engorde!

En este contexto de la visita de Nicodemo, me gustaría considerar con usted el ejemplo de varios otros que acudieron a Jesús desde diversos niveles de vida y cultura. Por ejemplo, estaba el joven rico y todo el que haya leído la Biblia lo recordará, porque muchos lo consideran una muestra del hombre modelo. Él tenía cuatro cosas a su favor, cosas que todos querrían emular y poseer. Tenía riqueza, moralidad, posición y juventud. Puedo escuchar a las madres en Israel sosteniendo a este hombre como un ejemplo para sus propios hijos: "¡Si quieres ser como alguien en particular, elige a este joven rico como tu ejemplo!".

En la mente de la mayoría de las personas, se sienten seguras de que gozarían de paz mental si fueran jóvenes, ricos, de una posición elevada y vivieran con unas buenas normas morales. Pero cuando ese joven gobernante se acercó a Jesús, su primera pregunta le dio la clave de su propia insatisfacción en la vida: "¿Qué bien haré para tener la vida eterna?" (Mateo 19:16).

Era joven, pero sabía que esperaba el día en que se marchitaría, paralizaría y temblaría por la edad, y que finalmente se acostaría rígido en la cama de la que no volvería a levantarse. También sabía que su riqueza no podía ayudarlo. Sabía que perdería su puesto y que otro lo ocuparía. Incluso su moralidad no fue respuesta suficiente para la vida venidera. Por tanto, se dio cuenta de que tenía que descubrir y encontrar algo que le asegurara la eternidad.

Hermanos, permítanme decirles que hasta que no seamos realmente convertidos a Cristo y la santidad de él entre en nuestros corazones y nuestras vidas, todos seremos parte de un gran engaño: estamos llamados a fingir que podemos tener paz interior y espiritual, que podemos ser relativamente felices y tener un gran éxito en nuestras vidas si tenemos juventud, riqueza, moralidad y una posición elevada.

En ese sentido de lo que sucede a nuestro alrededor, David nunca tuvo que disculparse por escribir que "todo hombre es mentiroso" (Salmos 116:11 RVR1960). Todo este concepto humano de éxito, felicidad y paz interior basado en lo que somos y lo que tenemos es completamente engañoso, tal como lo descubrió el joven rico.

La palabra *eterna*

Hay una sola palabra importante que falta en todo esto y es la palabra *eterna*.

Ese joven gobernante sabía, como todos nosotros, que no hay una persona viva que tenga eterna juventud ni riqueza eterna; que tenga una justicia eterna o una posición o dominio eterno. La palabra eterna no aparece por aquí. El joven rico descubrió que dentro de la voluntad que Dios le había dado, tenía que elegir entre las cosas que son pasajeras y aquellas que son de valor eterno.

Piense también conmigo en el eunuco etíope cuya historia se encuentra en el capítulo octavo de Hechos. Observe las cosas que podría ofrecer en el aspecto humano. Tenía gran autoridad, mucho prestigio y una religión adquirida. Tenía poder y autoridad debido a la posición que ocupaba en el gobierno de la reina de Etiopía. Era un prosélito judío que había pasado por los ritos religiosos que lo llevaron a la religión judía.

Había ido a Jerusalén para participar en una de las fiestas rituales de su religión recién descubierta. Pero era un hombre exigente, un hombre reflexivo, un hombre insatisfecho. Ni el balanceo de los incensarios en el ritual, ni el canto de los sacerdotes, ni la majestuosidad de las formas de adoración, ni nada de eso hizo que su propio corazón cantara, nada de eso lo llevó al punto de regocijarse y gozarse.

Sin embargo, cuando el evangelista Felipe le predicó acerca de Jesús, cuando se encontró con Cristo a través de una fe activa y salvadora, el registro bíblico nos dice que siguió su camino gozoso. Solo Jesús, el Cristo, el eterno Hijo de Dios, es suficiente. El hombre tiene que afrontar el hecho de que la religión no es suficiente y nunca lo será.

Oh, es asombroso ver cuántas cosas quieren hacerle las personas religiosas. Pueden comenzar cuando usted tiene ocho días con la circuncisión y terminar con los últimos ritos cuando tenga 108 años, y todo ese tiempo le restregarán algo, le pondrán algo alrededor del cuello o le harán comer algo, o insistir en que no debe comer algo. Le manipularán, mutilarán y masajearán dulcemente su alma todo el tiempo y, cuando todo esté hecho, será lo que siempre fue. Usted solo es un pecador decorado y masajeado, un pecador que no comió carne o, por otro lado, un pecador que comió pescado.

Aun cuando la religión haya hecho todo lo que puede hacer, usted sigue siendo el pecador que fue al templo o que no lo visitó nunca. Si asistió a la iglesia, aun así es un pecador que iba a la iglesia. Si no fue a la iglesia, todavía es un pecador que no iba a la iglesia.

Medidos en cualquier dirección y abordados desde cualquier punto de vista, seguimos siendo pecadores aunque todo lo que tengamos sea lo que la religión ha ofrecido y tratado de hacer por nosotros. Podemos enrolarnos en una religión, educarnos, entrenarnos, instruirnos y disciplinarnos; pero cuando todo termina todavía hay algo dentro de nuestro ser que grita: "La eternidad está en mi corazón y no he encontrado nada para satisfacerla".

De modo que, estará buscando y rebuscando por siempre hasta que encuentre a Cristo, porque solo Cristo es suficiente para satisfacer el anhelo eterno de nuestras almas.

Ahora reflexionemos también en Lidia, que aparece en Hechos, capítulo 16.

Una persona pujante

Lidia era una mujer pujante por derecho propio. Yo diría que nació fuera de tiempo, mucho antes de que existieran leyes y enmiendas que tendieran a promover la famosa liberación de las mujeres.

Tengo que decirles a las mujeres de nuestros días que las hemos liberado para que sean tan malas como los hombres, ¡e igualmente miserables! Las hemos dejado en libertad para maldecir y jurar, contar historias sucias y fumar cigarrillos. Las hemos hecho libres para que establezcan sus propias costumbres, para hacer discursos políticos desagradables y, por supuesto, para votar tan ciegamente como lo hacen los hombres.

Dios sabe que no puedo hacer nada al respecto, señoras. Solo mírenme y encójanse de hombros; empújenme y tomen mi asiento en el autobús.

Bueno, Lidia era una mujer que seguramente pensó que había encontrado libertad y satisfacción en esa época en la que las mujeres no contaban para nada; solo contaban los hombres. Ella era vendedora de púrpura. Viajaba por las naciones en su época. Debió haber sido la mujer más feliz de toda Asia Menor.

En la ciudad de Filipos, junto a la orilla del río, donde algunas mujeres se reunían el sábado para orar, Lidia escuchó al apóstol Pablo hablar de la muerte y resurrección del Señor Jesucristo. El registro muestra que el Señor le abrió el corazón. Con mucho gusto puso su fe en Cristo y se bautizó. Ella le dijo humildemente a Pablo: "Si me has juzgado fiel al Señor, entra en mi casa y quédate allí" (Hechos 16:15). Esa fue Lidia. Había descubierto que su carrera, su libertad y sus habilidades carecían de la palabra eterna. Ahora había encontrado la respuesta y la única solución en Jesucristo, el Hijo eterno, el Salvador.

Por otra parte, Natanael acudió a Jesús, pero su caso fue muy interesante. El relato bíblico no nos dice mucho sobre él, pero creo que bien podría decirse que era un tipo lleno de prejuicios como cualquier otro hombre de la calle. Cuando Felipe le dijo que los discípulos habían encontrado al Mesías del que hablaba el Antiguo Testamento, Natanael dio una cínica respuesta: "¿Puede salir algo bueno de Nazaret?" (Juan 1:46).

Como puede ver, Natanael era un hombre sencillo, humilde que vivía día a día, pero vivía bajo la sombra de su humanidad y simplemente no podía hacer que saliera el sol. Pero cuando se acercó a Jesús y descubrió que este ya lo conocía mejor de lo que él se conocía a sí mismo, de repente se encontró ante la radiante luz del sol y le confesó: "Rabí, tú eres el Hijo de Dios; tú eres el Rey de Israel" (1:49).

En verdad, el camino del hombre no está en sí mismo, y eso es lo que ha dicho el Espíritu Santo. Solo Jesucristo, el Hijo eterno, es suficiente. Nos hemos preguntado por qué solo vino Nicodemo. Podríamos preguntar por qué respondió el corazón de Lidia mientras que muchas otras mujeres de su época no sintieron respuesta a las afirmaciones de Cristo. ¿Por qué respondió Natanael a la súplica de Jesús en ese día cuando tantos otros eran indiferentes o estaban llenos de odio?

Creo en esa obra secreta y misteriosa de Dios en el pecho humano, en lo profundo y la intimidad de hombres y mujeres. Creo que las mismas preguntas podrían surgir de mi testimonio al encontrar la gracia perdonadora y transformadora de Dios en el Salvador, Jesucristo. Había algo en la línea de la que provenía que era casi antirreligioso. Moralidad hasta cierto nivel, pero no religiosa. Actitudes frías, terrenales, profanas. Esto debo decir tanto de mi padre como de mi madre. Altos estándares humanos, morales, pero completamente aislados de Dios. Dios bien podría no haber existido. Mis padres parecían no tener una chispa de deseo por Dios.

¿Puede decirme por qué, entonces, a la edad de diecisiete años, siendo un niño rodeado de incredulidad, al cien por ciento, pude encontrar el camino al ático de mi madre, arrodillarme y darle mi corazón y mi vida a Jesucristo y consagrarme a él? ¿Puede decirme cómo podría convertirme total y completamente sin la ayuda de nadie? En mi caso, cuando acudí con fe a Jesucristo, no había ni un solo ser humano que me ayudara. No había nadie con un Nuevo Testamento marcado que me mostrara lo fácil que era seguir a Cristo. Ningún amigo puso un brazo sobre mi hombro para orar a mi lado.

No puedo responder ningunas de esas preguntas. Solo puedo testificar que mi conversión a Jesucristo fue tan real como la de cualquier hombre. Usted dirá por qué. No lo sé, no sé por qué. Solo puedo decir que sé que la obra secreta de Dios en el ser humano —que tiene cierta sensibilidad para escuchar el llamado de Dios— existe.

Ah, hombre, si siente el jalón de Dios en su pecho, qué feliz debería ser. Qué maravilloso y misterioso privilegio es sentir un jalón interior de Dios en el pecho y escuchar el susurro secreto que no muchos hombres escuchan; estar en la lista de prospectos de Dios, en la lista activa de Dios para el trabajo interno.

Compañero, haga algo al respecto. Recuerde, mil hombres trabajan donde usted trabaja, y tal vez usted sea el único que sienta ese jalón. Dios los anhela a todos, pero todos no escuchan. No oirán.

Si todavía está vivo y tocando su corazón, dé gracias a Dios y siga la luz: "Venga toda alma oprimida por el pecado, hay misericordia en el Señor".

CAPÍTULO 10

EL REGALO DE LA VIDA ETERNA

Como levantó Moisés la serpiente en el desierto, así también tiene que ser levantado el Hijo del hombre, para que todo el que crea en él tenga vida eterna.
—Juan 3:14-15

Algunas cosas en nuestra vida son tan básicamente irrelevantes que nunca las extrañamos si no las tenemos. Otras, incluso algunas que simplemente damos por hechas, son tan importantes que, si no las agarramos, las retenemos y las aseguramos por toda la eternidad, sufriremos una pérdida y una angustia irreparables.

Cuando llegamos al punto de nuestra propia relación con Dios a través de los méritos de nuestro Señor Jesucristo, abordamos una de esas áreas que en un grado supremo son verdaderamente una cuestión de vida o muerte.

Esto es un asunto de verdadera importancia para cada ser humano que viene al mundo, por lo que me indigno y luego me entristece cuando trato de dar un consejo espiritual a una persona que me mira a los ojos y me dice: "Bueno, estoy tratando de decidir si debo aceptar a Cristo o no".

Tal persona no da absolutamente ninguna indicación de que se da cuenta de que está hablando de la decisión más importante que puede tomar en su vida: una decisión que le hace estar bien con Dios, creer en el Hijo eterno, el Salvador, y convertirse en discípulo, un testimonio obediente de Jesucristo como Señor.

¿Cómo puede un hombre o una mujer, perdido y deshecho, pecador y desdichado, alejado de Dios, permanecer ahí e insinuar que la muerte y resurrección de Jesucristo y el plan de salvación revelado por Dios no tienen prioridad sobre algunas de las otras decisiones de la vida?

Ahora bien, la actitud particular revelada aquí acerca de "aceptar a Cristo" es incorrecta porque hace que Cristo esté con el sombrero en la mano, en algún lugar fuera de la puerta, esperando que juzguemos o consideremos la situación.

Sabemos de su Persona divina, sabemos que él es el Cordero de Dios que sufrió y murió en lugar de nosotros. Sabemos todo acerca de sus antecedentes. Sin embargo, lo evadimos, lo dejamos en los escalones, como un pobre y tímido individuo que espera encontrar un trabajo.

Lo miramos, luego leemos algunos versículos devocionales más y preguntamos: "¿Qué piensas, Mabel? ¿Crees que deberíamos aceptarlo?". Realmente me pregunto si deberíamos hacerlo.

Y así, bajo esa perspectiva, nuestro pobre Señor Cristo permanece de pie con el sombrero en la mano, esperando por uno, preguntándose si será aceptado.

Entre tanto, el pecador adámico se sienta orgulloso, podrido como el diablo y lleno de todo tipo de lepra espiritual y cáncer. Pero sigue dudando; juzgando si aceptará o no a Cristo.

Desposando al Cristo

¿No sabe ese humano orgulloso que el Cristo al que está desechando es el Cristo de Dios, el Hijo eterno que tiene al mundo en sus manos? ¿No sabe que Cristo es el Verbo eterno, el Jesús que hizo los cielos, la tierra y todo lo que hay en ellos?

Aquel que espera pacientemente nuestro juicio humano, nuestra decisión, es el que sostiene las estrellas en sus manos. Él es el Salvador y Señor que dirige todas las cosas de la Iglesia. Aquel por cuya palabra los sepulcros entregarán a sus muertos y los muertos saldrán vivos para siempre. Con solo pronunciar una palabra, el fuego se desatará, se quemará la tierra, los cielos, las estrellas y los planetas serán barridos como un objeto cualquiera.

¡Él es el Único, el Poderoso!

Y, sin embargo, ahí está, mientras nosotros movemos los hilos como titiriteros, así es como nos vemos y así somos, decidimos si lo aceptaremos o no. ¿Qué tan grotesco puede ser eso?

La pregunta no debería ser si lo aceptaré; ¡la pregunta debería ser si él me aceptará a mí! Pero él no hace de eso una pregunta. Ya nos ha dicho que no tenemos que preocuparnos ni perturbarnos por eso. Nos dice: "Y al que a mí viene, no le echo fuera" (Juan 6:37).

Él ha prometido recibirnos, aunque seamos pobres y pecadores. Pero la idea de que podemos juzgarlo mientras damos el veredicto de si es digno de nuestra aceptación es una calumnia espantosa, ¡y debemos deshacernos de ella!

Ahora, creo que deberíamos volver a nuestra premisa original de que nuestra relación con Jesucristo es una cuestión de vida o muerte para nosotros. La persona promedio con un mínimo de instrucción en la iglesia o en la escuela dominical generalmente dará por hechas dos cosas, sin discusión alguna.

Lo primero es que Jesucristo vino al mundo para salvar a los pecadores. Eso se declara específicamente en la Biblia y, en otras palabras, lo afirma todo el Nuevo Testamento. Si hemos sido educados en iglesias evangélicas, generalmente también daremos por sentado el segundo hecho: que somos salvos por la fe solamente en Cristo, no por nuestras obras ni nuestro mérito.

Estoy tratando estas dos cosas básicas con usted porque demasiadas personas las dan por sentado, creen que son ciertas; y todavía se preguntan: "¿Cómo sé que tengo una relación salvadora con Jesucristo?". Será mejor que encontremos la respuesta puesto que se trata de una cuestión de vida o muerte.

El hecho de que Cristo Jesús vino al mundo para salvar a los pecadores es irrefutable. No se necesitan más pruebas. Es un hecho, ¡pero todo el mundo no se salva! Aquí mismo en nuestro país, en nuestros propios vecindarios, miles y decenas de miles de personas todavía no son salvan. El solo hecho de que él vino a salvar a los pecadores no es suficiente; ese hecho en sí mismo no puede salvarnos.

Un amigo o vecino puede decirnos: "Bueno, he ido a una iglesia toda mi vida. He sido confirmado, bautizado y todo lo demás. Voy a correr el riesgo de que eso me ayude a salvarme". Amigo mío, sus probabilidades no son tan buenas, ni siquiera tiene una oportunidad. Si su relación con Jesucristo no es una relación salvadora, entonces está solo, sin guía y sin brújula. No es una oportunidad que va a aprovechar; es un suicidio lo que está cometiendo. No es una posibilidad en diez veces diez mil. O tiene razón o está muerto; en este caso, tener razón o estar eternamente perdido.

Hay millones a nuestro alrededor que tienen algún conocimiento bíblico. Le dirían que no tienen ningún argumento contrario al hecho de que Jesucristo vino al mundo para salvar a los pecadores. Incluso pueden hacer una pequeña broma sobre sus propios fracasos y deficiencias; pero no los llamarían pecados. Probablemente se excusarían de tener que tomar una decisión personal porque no son tan malos como el señor fulano o la señora fulana, calle abajo.

La cuestión es que tal vez puedan recitar Juan 3:16 o citar algo agradable acerca de que el mundo entero necesita un Salvador, y hasta en un momento inusualmente tierno puede que haya una lágrima en un ojo. Pero están perdidos. Están realmente lejos de Dios. Saben que no están convertidos porque todos han conocido a alguna persona que confesó a Jesucristo, se convirtió profundamente y comenzó a vivir una vida transformada.

Sí, todos conocen la diferencia. Saben que no están convertidos, pero preferirían que no se les informara sobre el destino del pecador cuando muera. Ah, qué bueno si los perdidos se preocuparan al punto que preguntaran y averiguaran cómo pueden llegar a tener una relación salvadora con el Salvador, Jesucristo.

Tres respuestas

Ahora bien, diríjase a un cristiano promedio, un hombre convertido o probablemente un maestro sustituto de la clase de Biblia, y pregúntele: "¿Cómo puedo llegar a tener una relación salvadora con Jesucristo que sea buena para mí?". Tal vez le dé una de las siguientes respuestas o puede que le dé las tres respuestas. Si viniera a mí, obtendría lo mismo, así que esto no es una crítica a nadie. Esta es simplemente una declaración. Obtendría la misma respuesta de Billy Graham y la misma respuesta del laico más aislado y desconocido que se ha comprometido con Jesucristo.

Primero se le dirá que es una cuestión de fe, que debe creer lo que Dios dice acerca de su Hijo, como en Hechos 16:31:

"Cree en el Señor Jesucristo, y serás salvo". Esa es la respuesta bíblica que obtendrá.

Luego, la persona que responda a su pregunta podría agregar: "También existe la voluntad de recibir de Dios, como en Juan 1:12: 'todos los que lo recibieron ... aun a los que creen en su nombre'".

Por eso, en el Evangelio de Juan usted encuentra la estrecha relación de fe entre creer y recibir. Pero en nuestros días, es probable que también obtenga una tercera respuesta, y esa es la que estamos considerando aquí. Con toda probabilidad, si les preguntara a varios cristianos cómo entrar en esa bendita relación salvadora con Cristo, alguien le dirá: "¡Simplemente acepte a Cristo!". Permítame decirle que no quiero responsabilizar a Dios de nada de lo que hago ni de nada de lo que les digo. He tenido mis largas charlas con Dios y él sabe cuán complacido y agradecido estoy con él por bendecirme, guiarme y usarme para hacer algunas cosas pequeñas en su obra. Él seguramente sabe que estoy a su disposición mientras pueda orar, pensar y expresar una buena palabra en su nombre, mientras dure. Lo que estoy diciendo sobre este tema contemporáneo de "aceptar a Cristo" no es un capricho personal. En realidad, estaba arrodillado junto al pequeño diván de mi estudio, inclinado con mi Biblia abierta y comprometido con Dios a arrepentirme. Ese era mi propio acuerdo, solo el mío.

Todo eso me vino con tanta claridad a la mente, que escribí algunas notas y dije: "Voy a hablar con la gente sobre esto". Ustedes son mis amigos y les digo que tal vez les esté presentando algunas cosas aquí que Dios no me dijo, pero tal vez estén de acuerdo en que prefieren escuchar un sermón del bosquejo que el hombre hizo mientras estaba de rodillas que saber que lo había conseguido en otro lugar.

Bueno, eso es todo; una respuesta popular en nuestros días es que encontramos a Cristo al aceptarlo. Cuando haya terminado, descubrirá que no estoy siendo crítico. Probablemente nuestras expresiones lingüísticas no siempre nos digan lo que saben nuestros corazones.

Eso no se encuentra en la Biblia

Tal vez se sorprenda, como yo, cuando analicé esto y descubrí que la expresión "aceptar a Cristo" no aparece en la Biblia. No se encuentra en el Nuevo Testamento, en lo absoluto. La he buscado en la *Concordancia exhaustiva de Strong*, y pienso que los antiguos editores de esa obra trabajaron en ese volumen durante tanto tiempo y tan a fondo que no evadieron una sola palabra.

La concordancia de Strong muestra claramente que la palabra aceptar nunca se usa en la Biblia en el sentido de que aceptamos a Dios o aceptamos a Jesús como nuestro Salvador. Parece extraño que, si bien no encontramos su uso en ninguna parte de la Biblia, la frase "¿Aceptarás a Cristo?" o "¿Has aceptado a Cristo?" se ha convertido en frase clave de nuestros círculos en referencia a ganar almas.

No intento cuestionar nuestras buenas intenciones. Estoy seguro de que he usado esta misma expresión muchas veces, pero aún tenemos que admitir que no aparece en la Biblia. Las palabras aceptar y aceptación se usan en las Escrituras de varias maneras, pero nunca en relación con creer en Cristo o recibir a Cristo para salvación o ser salvo.

Lo que me preocupa con este asunto es lo que siento respecto a esa clase de "fácil aceptación" que ha sido fatal para millones de personas que pueden haber considerado las cuestiones de fe y obediencia.

Es interesante notar que en muchos grupos cristianos, los predicadores y los evangelistas en todas partes están pidiendo un avivamiento. La vida espiritual, en muchas áreas, parece estar en un estado decadente, por lo que en muchos casos la gente pide la "oración por un avivamiento". Pero aquí está lo extraño: nadie parece detenerse y plantear una pregunta, como: "Quizás la razón por la que necesitamos un avivamiento sea el hecho de que en primer lugar no comenzamos bien". Es por eso que he cuestionado el amplio uso del lema para ganar almas que dice: "¿Aceptará a Cristo? ¡Solo incline su cabeza y acepte al Señor!".

No puedo estimar el número, aunque creo que es muy grande, de personas que han tenido algún tipo de experiencia religiosa por una formalidad fugaz de "aceptar a Cristo" y gran cantidad de ellas todavía no se han salvado. No han establecido una genuina relación salvadora con Jesucristo. Vemos los resultados a nuestro alrededor: generalmente se comportan como pecadores religiosos más que como creyentes nacidos de nuevo.

Por eso hay tanta conmoción en cuanto a la necesidad de un avivamiento. Por eso muchos se preguntan: "¿Qué nos pasa? ¡Parecemos tan muertos, tan sin vida, tan apáticos con las cosas espirituales!".

Vuelvo a decir que he llegado a la conclusión de que hay demasiados entre nosotros que han pensado que aceptaron a Cristo, pero nada ha sucedido en sus propias vidas, deseos y hábitos. ¿Examinará este asunto un poco más de cerca conmigo?

Este tipo de filosofía en cuanto a ganar almas, la idea de que "aceptar a Jesús" es lo más fácil del mundo permite que el hombre o la mujer acepten a Cristo por un impulso de la mente o de las emociones. Eso nos permite tragar saliva dos veces y sentir una emoción que puede sobrevenirnos y luego decir: "He aceptado a Cristo".

Todos ustedes conocen algunos de los ejemplos más evidentes de las deficiencias en este enfoque de la conversión y el nuevo nacimiento. Por ejemplo, el siguiente: una dama cristiana interesada en los niños y niñas sale al patio de recreo donde varios cientos de pequeños participan en sus juegos. Cuando regresa, informa con entusiasmo que pudo persuadir a un grupo de unos setenta niños para que dejaran de jugar y "aceptaran a Cristo en sus corazones".

Una ilustración

En efecto, me hablaron de un grupo de predicadores y laicos reunidos en el comedor de un hotel y cuando surgió el tema de ganar almas, uno de los predicadores dijo: "Es lo más fácil del mundo y les daré una demostración". Cuando el camarero se acercó a su mesa, este hermano le dijo:

—¿Me permite un minuto de su tiempo?

—Sí, señor —le respondió el camarero.

—¿Es usted cristiano? —preguntó el predicador.

—No señor. No soy cristiano.

—¿Te gustaría serlo?

—Bueno, no sé, no he pensado demasiado en eso.

—¿Sabes?, todo lo que tienes que hacer es aceptar a Cristo en tu corazón, ¿lo aceptarías?

—Bueno, supongo que sí, señor.

—Está bien, entonces, solo inclina la cabeza por un momento.

Mientras el hombre arrinconado por el predicador está pensando más en su propina, el ganador de almas ora:

—Ahora, Señor, aquí hay un hombre que quiere aceptarte. Y te recibe como su Salvador. Bendícelo. ¡Amén!

Entonces, el camarero recibe un entusiasta apretón de manos, se da la vuelta para hacer su trabajo y sigue igual que cuando entró al salón.

Entonces, el predicador se dirige al grupo y dice: "Es un asunto sencillo. Todos pueden ver lo fácil que es llevar a alguien a Cristo".

Creo que estos son asuntos sobre los que debemos ser legítimamente sinceros y en los que debemos buscar el discernimiento del Espíritu Santo. Espero que el camarero tenga más sentido común que el reverendo porque, si no lo tiene, está condenado. Estas son cosas en las que no podemos permitirnos equivocarnos. Errar con esto es continuar perdido y lejos de Dios. Este es un asunto de vida o muerte y, sobre todo, de eternidad.

Cuando consideramos la importancia que algo como una relación correcta y salvadora con Jesucristo tiene para cualquier ser humano, no podemos equivocarnos. Creo que hay mucho abuso en este aspecto y que es un gran error tratar con hombres y mujeres de esta manera, tan superficial, cuando sabemos la gran importancia de la convicción, la preocupación y el arrepentimiento en lo que se refiere a la conversión, la regeneración espiritual y el nuevo nacimiento por el Espíritu de Dios. Sería una señal saludable si toda la Iglesia de Cristo se levantara y pidiera a Dios aire fresco en este asunto; es importantísimo pedirle valor a Dios para considerar y analizar dónde nos encontramos en nuestros esfuerzos por ganar personas para el Salvador.

No estoy tratando de menospreciar a nadie en sus esfuerzos por ganar almas. Solo soy de la opinión de que a menudo somos muy informales y hay demasiados trucos que pueden usarse para hacer que los encuentros para ganar almas sean completamente indoloros, sin costo y sin inconvenientes.

Algunas personas con las que tratamos basados en esta manera "rápida y fácil" tienen tan poca preparación y son tan ignorantes en cuanto al plan de salvación, que estarían dispuestos a inclinar la cabeza y "aceptar" a Buda o Zoroastro o el Padre Divino si pensaran que podrían deshacerse de nosotros de esa manera.

Una ilustración del Antiguo Testamento

Pienso en ese tiempo cuando Dios estaba tratando con los israelitas en cautiverio en Egipto. Supongamos que Moisés les hubiera dicho: "¿Aceptan la sangre en el dintel de la puerta?". Es probable que le hubieran dicho: "Sí, por supuesto. Aceptamos la sangre". Entonces Moisés habría dicho: "Está bien. Hasta luego; yo estaré vigilando". Si eso hubiera ocurrido se habrían quedado en Egipto, esclavos por el resto de sus vidas. Pero aceptar la sangre fue una decisión de acción. El hecho de que aceptaran la sangre de la Pascua implicó que permanecieran despiertos toda la noche; ceñidos, listos, con los zapatos en los pies, los bastones en las manos, comiendo la comida de la Pascua, listos para el mover de Dios. Entonces, cuando los toques de trompeta sonaron dulces y claros, todos se levantaron y partieron hacia el Mar Rojo. Cuando llegaron al Mar Rojo, habiendo actuado con fe, Dios estaba allí para contener el mar y salieron, ¡para nunca más volver!

Esa aceptación era la confirmación de que tenían los pies bien puestos sobre la tierra. Eso les dio las agallas para hacer algo al respecto en la demostración de su fe en Dios y en su palabra.

Considere también el caso del hijo pródigo en medio de los cerdos con su suciedad, inmundicia y fetidez. Suponga que se preocupa por él, por sus propios harapos y su hambre.

—Tengo buenas noticias para ti —le dice—. Tu padre te perdonará si lo aceptas. ¿Lo aceptarás?

Él mira hacia arriba, desde donde está entre los cerdos, tratando de mantenerse caliente, y responde:

—Sí, lo aceptaré.

—¿Aceptas la palabra reconciliadora y salvadora de tu padre?

—¡Sí!

—Está bien. De acuerdo, adiós. Espero verte de nuevo.

Lo deja en la pocilga. Lo deja en la tierra y la suciedad. Pero así no es como sucedió en la historia que Jesús contó en Lucas 15.

El tipo estaba ahí con los cerdos y la suciedad, pero algo se agitaba en su propio corazón y en su mente, por lo que dijo dentro de sí: "Si alguna vez voy a salir de este lío, tendré que tomar una decisión. Debo levantarme e ir a ver a mi padre".

Supongo que todos conocemos la siguiente línea: "¡Así que se levantó y se fue!".

Recuerde eso: "¡Así que se levantó y se fue!".

La aceptación de los judíos implicó una estricta obediencia a partir de ese momento. La aceptación del hijo pródigo implicaba arrepentimiento en consonancia con su aceptación. Me doy cuenta de que la palabra aceptar ha llegado a ser sinónimo de la palabra recibir. Pero quiero decirle lo que significa aceptar a Cristo y luego quiero que escudriñe su propio corazón y diga: "¿Realmente he aceptado a Cristo alguna vez? ¿Acepto a Cristo? ¿Lo he aceptado por completo?".

Quiero darle una definición de lo que es aceptar a Cristo. Aceptar a Cristo en algo parecido a una relación salvífica, es tener una clase de apego a la persona de Cristo que es revolucionaria, completa y exclusiva. Estoy hablando de apego a la persona de Cristo, lo que es muy importante. Es algo más que meterse con una multitud que le gusta a usted. Es algo más que el compañerismo social de un buen tipo que le emociona cuando toca su mano. Es algo más que reunirse con un grupo que se pone el uniforme y juega softbol juntos los martes por la noche.

Esas cosas son bastante inofensivas, Dios lo sabe. Pero aceptar a Jesucristo es más que encontrar una asociación con un grupo que le agrada. No se trata solo de hacer un picnic o una caminata. Tenemos esas actividades en nuestra iglesia y me gustan. Pero no son las cosas que son tan importantes como aceptar a Jesucristo. La respuesta que está buscando en Jesucristo no significa que simplemente se esté incorporando a un grupo religioso que tal vez no esté mejor que usted.

Aceptar a Jesucristo, recibir a Jesucristo en su vida significa que ha asumido un apego a la persona de Cristo que es revolucionario en el sentido de que invierte la vida y la transforma por completo.

Es un apego a la persona de Cristo. Algo completo en el sentido de que no deja ningún aspecto de la vida sin afectar. No exime ningún área de la vida del hombre total; su ser íntegro. Este tipo de apego a la persona de Cristo significa que Cristo no es solo uno de varios intereses. Significa que es el único apego exclusivo como el del sol con la tierra. Así como la tierra gira alrededor del sol, y el sol es su centro y el núcleo de su ser, Jesucristo es el Hijo de justicia, por lo que convertirse en cristiano por la gracia de Dios significa entrar en su órbita y comenzar a girar alrededor de él exclusivamente.

En el sentido espiritual, significa girar alrededor de él completa y exclusivamente, no parcialmente alrededor. Esto no significa que no tengamos otras relaciones; todos las tenemos porque todos vivimos en un mundo complejo. Usted le entrega su corazón a Jesús. Él se convierte en el centro de su vida transformada. Pero puede que usted sea un hombre con una familia. Es ciudadano del país. Tiene un trabajo y un empleador. En la naturaleza misma de las cosas, tiene otras relaciones. Pero por fe y por gracia, ahora ha formado una relación exclusiva con su Salvador, Jesucristo. Todas sus otras relaciones ahora están condicionadas y determinadas por su única relación con Jesucristo, el Señor.

Jesús estableció los términos del discipulado cristiano y ha habido personas que han criticado y dicho: "Esas palabras de Jesús suenan duras y crueles". Sus palabras eran claras y lo que nos estaba diciendo a cada uno de nosotros es: "Si tienes otras relaciones en la vida que sean más importantes y exclusivas que tu relación espiritual con el Salvador eterno, entonces no eres mi discípulo".

Primero, último y todo

Aceptar a Cristo, entonces, es unirnos a su santa persona; vivir o morir, para siempre. Él debe ser el primero, el último y todo lo demás. Todas nuestras otras relaciones están condicionadas, determinadas y atenuadas por nuestra única relación exclusiva con él.

Aceptar a Cristo sin reservas es aceptar a sus amigos como amigos a partir de ese momento. Si se encuentra en un área donde Cristo no tiene amigos, usted tampoco tendrá amigos, a excepción del único Amigo que es más unido que un hermano.

Eso significa que usted no comprometerá su vida. No comprometerá su conversación ni sus hábitos de vida.

Tenemos que confesar que nos encontramos con que hay gente que es tan cobarde que cuando está con una multitud que niega al Hijo de Dios y deshonra el santo nombre de Jesús, se deja llevar en esa misma dirección. ¿Son cristianos? Usted tendrá que responder a eso. Cristiano es aquel que ha aceptado a los amigos de Jesús como sus amigos y a los enemigos de Jesús como sus enemigos debido al apego exclusivo a la persona de Cristo.

En lo personal, tomé mi decisión hace mucho tiempo. Los que se declaran enemigos de Jesucristo deben considerarme su enemigo, y no les pido cuartel. Y si son amigos de Jesucristo son mis amigos, no me importa de qué color sean ni a qué denominación pertenezcan.

Aceptar al Señor significa aceptar sus caminos como nuestros caminos. Hemos tomado su Palabra y sus enseñanzas como guía para nuestras vidas. Aceptar a Cristo significa que acepto su rechazo como mi rechazo. Cuando lo acepto, recibo consciente y voluntariamente su cruz como mi cruz. Acepto su vida como mi vida; estoy de vuelta de entre los muertos; vengo y ascendí a un tipo de vida diferente. Significa que acepto su futuro como mi futuro.

Con eso me refiero a la necesidad de un apego exclusivo a su persona; eso es lo que significa aceptar a Cristo. Si los predicadores le dijeran a la gente lo que realmente es aceptar a Cristo, recibirlo, obedecerlo y vivir para él, tendríamos menos conversos, pero los que vendrían y se comprometerían no volverían atrás ni se hundirían. Permanecerían con Cristo.

En realidad, los predicadores y los ministros del evangelio deben recordar que van a comparecer ante el tribunal de Cristo y tendrán que decirle al santo Salvador por qué traicionaron a su pueblo de esa manera.

Ahora, por favor no salga y le diga a la gente que el señor Tozer dice que nunca debe usar esas palabras, "aceptar a Cristo". He tratado de dejar en claro que siempre debemos invitar a los que no son cristianos a venir a Jesús, a creer lo que Dios dice acerca del Salvador, a recibirlo por fe en sus vidas y a obedecerlo; y aceptar a Cristo como su Salvador si saben lo que significa: un apego exclusivo a la persona de Cristo.

¿Es consciente de que muchos de los grandes predicadores y evangelistas que han afectado al mundo, incluidos hombres como Edwards y Finney en el pasado, han declarado que la iglesia está siendo traicionada por aquellos que insisten en que el cristianismo sea demasiado fácil? Oh, qué multitud de personas han sido engañadas al pensar que se convirtieron cuando todo lo que hicieron fue unirse a un grupo religioso.

Diría francamente que la cordura moral requiere que resolvamos este importante asunto en primer lugar, resolviendo nuestra relación personal y salvadora con Dios. Al ver la forma en que algunos de nosotros vivimos, no debería sorprendernos si algún amigo o hermano preocupado pregunta: "¿Somos cristianos en verdad?".

En algunos grupos cristianos, los creyentes se burlan y se ríen de los cristianos de otros grupos que ocasionalmente se levantan y cantan las palabras de un antiguo himno: "¿Amo al Señor o no?".

Ninguna persona seria debería reírse jamás de ningún otro hombre o mujer que se encuentre a solo unos pasos de la muerte y que esté contemplando: "Dios mío, ¿en verdad te amo o no? ¿Me han confundido con una conexión religiosa sin sentido? Dios mío, ¿qué debo hacer para ser salvo?". Es mejor que muchos de nosotros comencemos a hacer preguntas hoy. Es mejor que no intentemos defender nuestra propia reputación.

No hay nada en todo el mundo de más valor y mayor significado que regresar a la familia de Dios por la fe y por su gracia. No hay gozo comparado con el que Dios nos da cuando nos perdona, nos limpia, nos restaura y nos salva, y nos asegura que el don de Dios es en verdad vida eterna, ¡para todos los que crean!

ACERCA DEL AUTOR

A.W. TOZER (1897-1963) fue un teólogo autodidacta que recibió dos doctorados honorarios y pastoreó varias congregaciones, incluyendo Southside Alliance Church, en Chicago, por 31 años. Es el autor del clásico espiritual *La búsqueda de Dios por el hombre, Mi búsqueda diaria, Los atributos de Dios vol. 1 y 2.* Tozer y su esposa Ada, tuvieron siete hijos, seis varones y una niña.

A.W.
TOZER

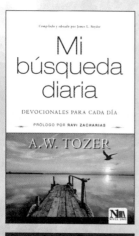

Compilado y editado por James L. Snyder

Mi
búsqueda
diaria

DEVOCIONALES PARA CADA DÍA

PRÓLOGO POR RAVI ZACHARIAS

A.W. TOZER

A.W. TOZER

VOLUMEN UNO

LOS
ATRIBUTOS
DE DIOS
con guía de estudio

Un viaje hacia el corazón del Padre

A.W. TOZER

VOLUMEN DOS

LOS
ATRIBUTOS
DE DIOS
con guía de estudio

Profundice en el corazón del Padre

A.W. TOZER

LA
BÚSQUEDA
DE DIOS
por el hombre

COMPRENDERÁS EL MISTERIO DE LA TRINIDAD
A TRAVÉS DEL PODER DEL ESPÍRITU SANTO

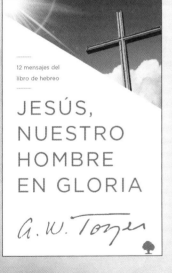

Te invitamos a que visites nuestra página web, donde podrás apreciar la pasión por la publicación de libros y Biblias:

www.casacreacion.com

f @CASACREACION

🐦 @CASACREACION

📷 @CASACREACION

Para vivir la Palabra